매일 매일 초등영어 쓰기 습관

100일의 기적

시원스쿨 지음

Advanced 초등 영어 '끝내기'

S 시원스쿨닷컴

매일 1장
초등 영어 쓰기 습관
100일의 기적
Advanced

초판 1쇄 발행 2024년 8월 30일

지은이 시원스쿨
펴낸곳 (주)에스제이더블유인터내셔널
펴낸이 양홍걸 이시원

홈페이지 www.siwonschool.com
주소 서울시 영등포구 영신로 166 시원스쿨
교재 구입 문의 02)2014-8151
고객센터 02)6409-087 8

ISBN 979-11-6150-875-7 63740
Number 1-120101-25259900-09

매일 1장
100일
영어 쓰기 습관의
놀라운 기적

Practice
Makes
Perfect.

연습이
완벽을
만듭니다.

4

n Kai. I am Korean. I'm a student. I'm a cook. I'm a happy person. I'm a good singer.
an only child. I'm not American I'm not a liar. I'm not a lazy person. I'm glad. I'm
ched. I'm so hungry. I'm too full. I'm very busy. I'm really excited. I'm not upset. I'm
that tired. I'm not lonely anymore. I'm not sure yet. You are a good friend. You're so
. You're not alone. He is my friend. He's my brother. He's not my father. She is my
friend. She's very pretty. She's not my grandmother. She's so cute. We are brothers.
e classmates. We're not that close. They are my parents. They're my toys. They're
a family. This is my favorite color. This is not your bag. That is too expensive. That
ot my dog. Am I right? Are you ready? Are you his relative? Are you her neighbor? Is
her boyfriend? Is she his girlfriend? Are they disappointed? Are they your shoes? Is
your coat? Is that your son? I have a phone. I have a puppy. I have a small mole. I
e a big dream. I have a headache. I have two friends. I have some ideas. I don't have
umbrella. I don't have any chance. I have no money. I like flowers. I like fresh fruits.

키가 하루 아침에 갑자기 쑥! 자랄까요?

아니죠. 매일매일 조금씩 꾸준히 자라다 마침내 큰 키가 되는 거죠.

말도 마찬가지예요. 어느 날 갑자기 지금처럼 말을 잘하게 됐을까요?

아니죠. 아기였을 때 엄마, 아빠라고 말하는 것부터 시작해

매일매일 조금씩 꾸준히 말이 늘다가 마침내 잘하게 되는 거죠.

무슨 일이든 갑자기 한꺼번에 되는 일은 없어요.

영어를 잘하려면 영어도 매일매일 조금씩 꾸준히 해야 해요.

그렇게 하다 보면 "어, 이젠 영어가 너무 편해!"라고 느껴지는 날이 올 거예요.

자, 그럼 지금부터 100일 동안 매일매일 조금씩 꾸준히

매일 1장 영어 쓰기 습관으로 영어와 친해져 볼까요?

Features

책의 구성 및 특징

1 책을 꾹꾹 눌러 평평하게 펼쳐도 책이 접히지 않아 영어 쓰기가 편해요.

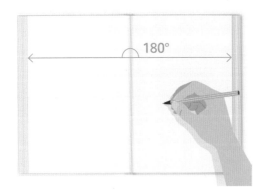

180°

책을 꾹꾹 눌러 180도로 펼쳐도 책이 접히지 않고 자연스럽게 펼쳐지는 특별한 방식(PUR제본)으로 제작되어 영어를 아주 편안하게 쓸 수 있어요.

2 영어 쓰기를 시작하기 전 문장 형태, 기본 시제, 배울 내용을 미리 살펴봐요.

(1) 영어의 기본적인 문장 형태를 파악한 다음, (2) 영어의 기본적인 시제 3가지를 살펴보고, (3) 앞으로 100일간 배우게 될 내용을 미리 살펴봐요.

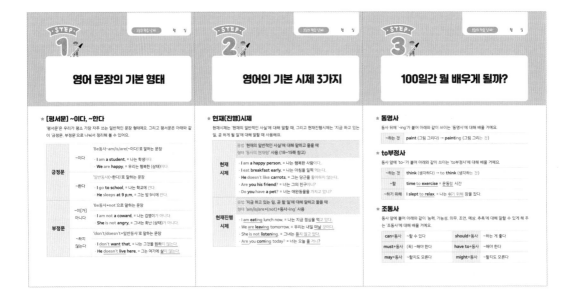

3 매일 1장씩 100일간 100문장을 쓰면서 자연스레 '영단어, 영문법, 영어회화'를 익혀요.

매일 1장씩 100일간 쓰게 되는 100개의 문장들은 '쓰면서 자연스럽게' 초등 필수 영단어, 영문법, 영어회화를 익힐 수 있도록 체계적인 기준에 따라 엄선된 문장들이에요. 따라서 100일간 꾸준히 쓰다 보면 영어 실력이 탄탄하게 성장해요.

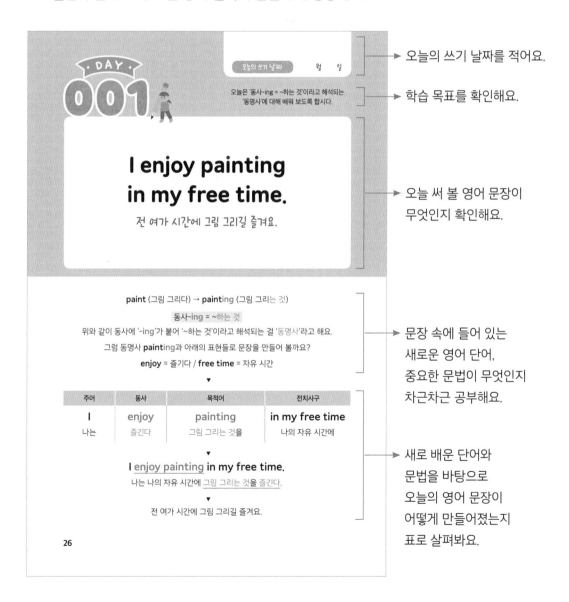

오늘의 쓰기 날짜   월   일

오늘은 '동사-ing = ~하는 것'이라고 해석되는 '동명사'에 대해 배워 보도록 합시다.

I enjoy painting in my free time.

전 여가 시간에 그림 그리길 즐겨요.

paint (그림 그리다) → painting (그림 그리는 것)

동사-ing = ~하는 것

위와 같이 동사에 '-ing'가 붙어 '~하는 것'이라고 해석되는 걸 '동명사'라고 해요.
그럼 동명사 painting과 아래의 표현들로 문장을 만들어 볼까요?

enjoy = 즐기다 / free time = 자유 시간

▼

주어	동사	목적어	전치사구
I	enjoy	painting	in my free time
나는	즐긴다	그림 그리는 것을	나의 자유 시간에

▼

I enjoy painting in my free time.
나는 나의 자유 시간에 그림 그리는 것을 즐긴다.

▼

전 여가 시간에 그림 그리길 즐겨요.

26

→ 오늘의 쓰기 날짜를 적어요.

→ 학습 목표를 확인해요.

→ 오늘 써 볼 영어 문장이 무엇인지 확인해요.

→ 문장 속에 들어 있는 새로운 영어 단어, 중요한 문법이 무엇인지 차근차근 공부해요.

→ 새로 배운 단어와 문법을 바탕으로 오늘의 영어 문장이 어떻게 만들어졌는지 표로 살펴봐요.

새로운 단어 듣고 써 보기

새로 배운 단어들의 발음을 듣고 소리 내어 말하며 몇 번씩 써 보세요.

enjoy	즐기다

enjoy ▶ enjoy

paint	(물감으로) 그림 그리다

paint ▶ paint

free time	자유 시간

free time ▶ free time

오늘 배운 단어 3개를 몇 번씩 따라 써 보세요. 위에 있는 QR코드를 휴대폰으로 찍어서 단어들의 발음을 듣고 따라 말하면서 쓰면 더욱 효과적이에요.

오늘의 문장 듣고 써 보기

오늘 만든 문장의 전체 발음을 듣고 소리 내어 말하며 스스로 써 보세요.

I enjoy painting in my free time.

단어 쓰기가 끝나면 오늘의 영어 문장을 3번씩 따라 써 보세요. 위에 있는 QR코드를 휴대폰으로 찍어서 문장의 전체 발음을 듣고 따라 말하면서 쓰면 더욱 효과적이에요.

27

100일간 영어 문장을 쓰며 익힌 모든 영단어들은 교재의 마지막 '[부록] 영어 단어 INDEX'에 **알파벳 순으로 정리**해 놓았어요. 쓰기 학습을 다 마친 후 INDEX를 보며 기억이 잘 나지 않는 단어들은 다시 찾아 복습하세요.

4 매일 1장 영어 쓰기를 끝낼 때마다 일일 학습 체크 일지에 '체크(O)' 표시를 해요.

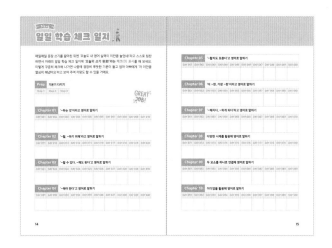

매일의 공부를 끝마친 후 일일 학습 체크 일지에 '오늘 공부 끝!'이라는 체크(O) 표시를 100일 동안 채워 나가면 내 스스로 뿌듯함과 성취감을 느낄 수 있어요.

5 〈매일 1장 초등 영어 쓰기〉 학습서는 '3단계 레벨'로 구성되어 있어요.

〈매일 1장 초등 영어 쓰기 습관 100일의 기적〉은 'Basic-Intermediate-Advanced'의 3단계 레벨로 구성되어 있어서 수준별, 단계별 학습이 가능해요. (본 교재는 Advanced)

Basic 초등 영어 첫걸음	파닉스를 뗀 후 초등 영어를 시작하는 단계이며, 기본적인 1/2/3형식 영어 문장을 현재시제로 쓰고 익히며 영어의 뼈대를 세웁니다.
Intermediate 초등 영어 레벨업	영어 수준을 초등 4~5학년까지 올리는 단계이며, 4/5형식 영어 문장과 함께 의문사, 조동사, 현재진행시제, 과거시제 등을 익힙니다.
Advanced 초등 영어 끝내기	영어 수준을 초등 6학년~중학교 1학년까지 올리는 단계이며, 다양한 영어 시제, 동명사, to부정사, 구동사 등을 익힙니다.

Contents
목차

전체 학습 커리큘럼

학부모님께서 본 교재로 아이와 함께 공부하실 때 아래의 커리큘럼 표를 참고하시면 아이가 배울 핵심 내용이 무엇인지 '명확한 방향성'을 잡으실 수 있어요.

Prep.	Step 1	영어의 기본적인 문장 형태 살펴보기
	Step 2	영어의 기본적인 시제 3가지 살펴보기
	Step 3	앞으로 100일간 배우게 될 내용들 간단히 살펴보기
Chapter 01	목표	동명사, to부정사의 '명사적(~하는 것)' 사용법 익히기
	문법	· enjoy/keep/stop+동사-ing(~하는 것) · want/hope/decide/promise+to-동사(~하는 것)
	어휘	동명사[혹은 to부정사]를 목적어로 취하는 대표 동사 학습
Chapter 02	목표	to부정사의 '형용사적(~할), 부사적(~하기 위해)' 사용법 익히기
	문법	A(명사)+to-동사 = ~할 A / to-동사 = ~하기 위해
	어휘	to부정사와 잘 어우러지는 다양한 명사 및 주요 동사 학습
Chapter 03	목표	조동사 can으로 '능력, 가능성, 허락'에 대해 말하기
	문법	· can+동사 = ~할 수 있다/~해도 된다 · cannot(can't)+동사 = ~할 수 없다/~하면 안 된다
	어휘	일상에서 잘 쓰이는 단어들 및 구동사(동사+전치사) 학습
Chapter 04	목표	조동사 should, must, have to로 '의무, 조언, 권유'에 대해 말하기
	문법	· should/must/have to+동사 = ~해야 한다 · should/must not+동사 = ~하지 말아야 한다 · don't(doesn't) have to+동사 = ~할 필요 없다
	어휘	일상에서 잘 쓰이는 다양한 단어 및 표현 학습
Chapter 05	목표	조동사 may, might으로 '추측, 예상'해서 말하기
	문법	· may/might+동사 = ~할지도 모른다 · may/might not+동사 = ~하지 않을지도 모른다
	어휘	일상에서 잘 쓰이는 다양한 단어 및 표현 학습

Chapter 06	목표	형용사의 '비교급, 최상급' 형태 익히기
	문법	· 형용사-er = 더 ~한 / the+형용사-est = 가장 ~한 · more+형용사 = 더 ~한 / the most+형용사 = 가장 ~한 · [불규칙형] good-better-the best, bad-worse-the worst
	어휘	다양한 형용사 및 일상에서 잘 쓰이는 단어/표현 학습
Chapter 07	목표	동사의 과거분사형(p.p.) 및 수동태 표현 익히기
	문법	be동사+p.p. = ~해지다, ~하게 되다
	어휘	다양한 동사들을 과거분사형(p.p.)과 함께 학습
Chapter 08	목표	과거진행시제, 미래진행시제 및 기타 다양한 시제 표현 익히기
	문법	· was/were+동사-ing = ~하고 있었다 · will be+동사-ing = ~하고 있을 것이다 · be going to-동사 = (계획[생각]대로) ~할 예정이다 · was/were about to-동사 = ~하려던 참이었다 · used to-동사 = (과거) 한때 ~했다[하곤 했다]
	어휘	일상에서 잘 쓰이는 단어/표현 및 '절'을 만드는 접속사 학습
Chapter 09	목표	관계대명사(who(m), when, where, why, which, that)의 사용법 익히기
	문법	· A(사람)+who(m)+(주어)+동사 = (~가) ~하는 A · A(시간/장소)+when/where+(주어)+동사 = (~가) ~하는 A · the reason+why+주어+동사 = ~가 ~하는 이유 · A(사물)+which+(주어)+동사 = (~가) ~하는 A · A+that+(주어)+동사 = (~가) ~하는 A
	어휘	일상에서 잘 쓰이는 다양한 단어 및 표현 학습
Chapter 10	목표	해석만으로 이해 불가능한 다양한 '이디엄(idiom)' 표현 익히기
	문법	[명령문] 문장이 '동사' 혹은 'Don't+동사'로 시작
	어휘	이디엄(idiom) 속에 들어 있는 다양한 단어/표현 학습

일일 학습 체크 일지

매일매일 문장 쓰기를 끝마친 뒤엔 '오늘도 내 영어 실력이 이만큼 늘었네!'라고 스스로 칭찬
하면서 아래의 일일 학습 체크 일지에 **'오늘의 쓰기 완료!'**라는 체크(O) 표시를 해 보세요.
이렇게 꾸준히 체크해 나가면 나중에 굉장히 뿌듯한 기분이 들고 엄마 아빠에게 '저 이만큼
열심히 해냈어요'라고 보여 주며 자랑도 할 수 있을 거예요.

Prep.	기본기 다지기	
Step 1	Step 2	Step 3

GREAT JOB!

Chapter 01	'~하는 것'이라고 영어로 말하기								
DAY 001	DAY 002	DAY 003	DAY 004	DAY 005	DAY 006	DAY 007	DAY 008	DAY 009	DAY 010

Chapter 02	'~할, ~하기 위해'라고 영어로 말하기								
DAY 011	DAY 012	DAY 013	DAY 014	DAY 015	DAY 016	DAY 017	DAY 018	DAY 019	DAY 020

Chapter 03	'~할 수 있다, ~해도 된다'고 영어로 말하기								
DAY 021	DAY 022	DAY 023	DAY 024	DAY 025	DAY 026	DAY 027	DAY 028	DAY 029	DAY 030

Chapter 04	'~해야 한다'고 영어로 말하기								
DAY 031	DAY 032	DAY 033	DAY 034	DAY 035	DAY 036	DAY 037	DAY 038	DAY 039	DAY 040

학습 시작 전
기본기 다지기

오늘 배울 내용

STEP 01

영어 문장의 기본 형태

영어로 '~이다, ~한다'라는 뜻의 평서문을 어떻게 말하는지,
'~이니? ~하니?'라는 뜻의 의문문을 어떻게 말하는지 살펴보아요.

평서문 ~이다, ~한다, ~이[가] 아니다, ~하지 않는다

의문문 ~이니?, ~하니?, 누가/언제/어디서/무엇을/어떻게/왜 ~?

STEP 02

영어의 기본 시제 3가지

영어에서 가장 기본이 되는 대표 시제가 무엇인지 살펴보아요.

현재(진행)시제 ~이다, ~한다, ~하고 있다, (곧) ~할 것이다

과거시제 ~였다/했다, ~이지/하지 않았다, ~였니/했니?

미래시제 ~일/할 것이다, ~이지/하지 않을 것이다, ~일/할 거니?

STEP 03

100일간 뭘 배우게 될까?

앞으로 100일에 걸쳐 어떤 내용을 배우고 쓰게 될지 간단히 살펴보고 넘어갈 거예요.

동명사   to부정사   조동사   비교급   최상급   수동태

과거진행시제   미래진행시제   관계대명사   이디엄

		주어	동사		
1형식		I	exercise		
		나는	운동한다		
		나는 운동한다.			
	주어	동사	보어		
2형식	He	is	a teacher		
	그는	이다	선생님		
		그는 선생님이다.			
	주어	동사	목적어		
3형식	She	likes	animals		
	그녀는	좋아한다	동물을		
		그녀는 동물을 좋아한다.			
	주어	동사	간접목적어	직접목적어	
4형식	We	gave	him	a gift	
	우리는	주었다	그에게	선물을	
		우리는 그에게 선물을 주었다.			
	주어	동사	목적어	목적보어	
5형식	They	made	me	laugh	
	그들은	만들었다	나를	웃게	
		그들은 나를 웃게 만들었다.			

영어 문장의 기본 형태

★ [평서문] ~이다, ~한다

'평서문'은 우리가 평소 가장 자주 쓰는 일반적인 문장 형태예요. 그리고 평서문은 아래와 같이 '긍정문, 부정문'으로 나눠서 정리해 볼 수 있어요.

긍정문	~이다	'Be동사-am/is/are(~이다)'로 말하는 문장 · I am **a student.** = 나는 학생이다. · **We are happy.** = 우리는 행복한 (상태)이다.
	~한다	'일반동사(~한다)'로 말하는 문장 · I go **to school.** = 나는 학교에 간다. · **He sleeps at 9 p.m.** = 그는 밤 9시에 잔다.
부정문	~이[가] 아니다	'Be동사+not'으로 말하는 문장 · I am not **a coward.** = 나는 겁쟁이가 아니다. · **She is not angry.** = 그녀는 화난 (상태)가 아니다.
	~하지 않는다	'don't/doesn't+일반동사'로 말하는 문장 · I don't **want that.** = 나는 그것을 원하지 않는다. · **He doesn't live here.** = 그는 여기에 살지 않는다.

★ [의문문] ~이니?, ~하니?

'의문문'은 질문하는 형태의 문장이며, '네/아니오'로 답하는 'Yes/No 의문문', 의문사를 문장 맨 앞에 붙여 질문하는 '의문사 의문문'으로 정리해 볼 수 있어요.

Yes/No 의문문	~이니?	**Be동사를 문장 맨 앞으로 옮겨 말하는 의문문** · **Are you tired?** = 너는 피곤한 (상태)이니? · **Is she your friend?** = 그녀가 너의 친구이니? · **Are they busy?** = 그들은 바쁜 (상태)이니?
	~하니?	**Do/Does를 일반동사 평서문 앞에 붙여 말하는 의문문** · **Do you like dogs?** = 너는 개를 좋아하니? · **Do they travel often?** = 그들은 자주 여행하니? · **Does he sing well?** = 그는 잘 노래하니?
의문사 의문문	Who	· **Who is your cousin?** = 누가 너의 사촌이니? · **Who do you respect?** = 너는 누구를 존경하니?
	When	· **When is your birthday?** = 너의 생일은 언제이니? · **When does she come?** = 그녀는 언제 오니?
	Where	· **Where is the station?** = 역은 어디이니? · **Where do you work?** = 너는 어디에서 일하니?
	What	· **What is your hobby?** = 너의 취미는 무엇이니? · **What does he have?** = 그가 무엇을 갖고 있니?
	How	· **How is your day?** = 너의 하루는 어떻니? · **How do you know him?** = 너는 어떻게 그를 아니?
	Why	· **Why is she upset?** = 그녀는 왜 화난 (상태)이니? · **Why do you hate it?** = 너는 왜 그것을 싫어하니?

★ 현재(진행)시제

현재시제는 '현재의 일반적인 사실'에 대해 말할 때, 그리고 현재진행시제는 '지금 하고 있는 일, 곧 하게 될 일'에 대해 말할 때 사용해요.

현재 시제	용법 '현재의 일반적인 사실'에 대해 말하고 물을 때 형태 '동사의 현재형' 사용 (18~19쪽 참고) · I am a happy person. = 나는 행복한 사람이다. · I eat breakfast early. = 나는 아침을 일찍 먹는다. · He doesn't like carrots. = 그는 당근을 좋아하지 않는다. · Are you his friend? = 너는 그의 친구이니? · Do you have a pet? = 너는 애완동물을 가지고 있니?
현재진행 시제	용법 '지금 하고 있는 일, 곧 할 일'에 대해 말하고 물을 때 형태 'am/is/are+(not)+동사-ing' 사용 · I am eating lunch now. = 나는 지금 점심을 먹고 있다. · We are leaving tomorrow. = 우리는 내일 떠날 것이다. · She is not listening. = 그녀는 듣지 않고 있다. · Are you coming today? = 너는 오늘 올 거니?

★ 과거시제

과거시제는 말 그대로 '과거'에 대해 말할 때 쓰는 시제예요.

긍정문	Be동사 (과거에) ~였다 → Be동사의 과거형 'was/were' 사용 일반동사 (과거에) ~했다 → '일반동사의 과거형' 사용 · I was so hungry. = 나는 너무 배고픈 (상태)였다. · I called him last night. = 나는 어젯밤 그에게 전화했다.
부정문	Be동사 (과거에) ~이지 않았다 → 'was/were not' 사용 일반동사 (과거에) ~하지 않았다 → 'didn't+일반동사' 사용 · She was not sick. = 그녀는 아픈 (상태)이지 않았다. · She didn't come yesterday. = 그녀는 어제 오지 않았다.
의문문	Be동사 (과거에) ~였니? → 'Was/Were ~?' 사용 일반동사 (과거에) ~했니? → 'Did ~?' 사용 · Were you angry with me? = 너는 나에게 화난 (상태)였니? · Did you hear the news? = 너는 그 소식을 들었니?

★ 미래시제

미래시제는 말 그대로 '미래'에 대해 말할 때 쓰는 시제예요. 동사 앞에 'will, won't'를 붙이면 '긍정문, 부정문', will을 문장 맨 앞에 붙이면 '의문문'이 돼요.

긍정문	Be동사	She will be a winner. = 그녀가 우승자일[가 될] 것이다.
	일반동사	I will finish it soon. = 난 그것을 곧 끝낼 것이다.
부정문	Be동사	He won't be busy. = 그는 바쁜 (상태)이지 않을 것이다.
	일반동사	He won't go there. = 그는 그곳에 가지 않을 것이다.
의문문	Be동사	Will you be late? = 너는 지각한 (상태)일[가 될] 거니?
	일반동사	Will you join the club? = 너는 동호회에 가입할 거니?

100일간 뭘 배우게 될까?

★ 동명사

동사 뒤에 '-ing'가 붙어 아래와 같이 쓰이는 '동명사'에 대해 배울 거예요.

~하는 것	paint (그림 그리다) → painting (그림 그리는 것)

★ to부정사

동사 앞에 'to-'가 붙어 아래와 같이 쓰이는 'to부정사'에 대해 배울 거예요.

~하는 것	think (생각하다) → to think (생각하는 것)
~할	time to exercise = 운동할 시간
~하기 위해	I slept to relax. = 나는 쉬기 위해 잠을 잤다.

★ 조동사

동사 앞에 붙어 아래와 같이 '능력, 가능성, 의무, 조언, 예상, 추측'에 대해 말할 수 있게 해 주는 '조동사'에 대해 배울 거예요.

can+동사	~할 수 있다	should+동사	~하는 게 좋다
must+동사	(꼭) ~해야 한다	have to+동사	~해야 한다
may+동사	~할지도 모른다	might+동사	~할지도 모른다

★ 형용사의 비교급 & 최상급

'더 ~한, 가장 ~한'이라는 뜻의 '비교급, 최상급' 표현을 배울 거예요.

[비교급] 더 ~한	· small (작은) → smaller (더 작은) · beautiful (아름다운) → more beautiful (더 아름다운)
[최상급] 가장 ~한	· small (작은) → the smallest (가장 작은) · beautiful (아름다운) → the most beautiful (가장 아름다운)

★ 수동태 표현

'(어떤 것으로 인해) '~해지(게 되)다'라는 뜻의 '수동태 표현'을 배울 거예요.

수동태	be동사+동사의 과거분사형(p.p.) = ~해지다, ~하게 되다

★ 과거진행시제, 미래진행시제

'현재(진행)시제, 과거시제, 미래시제'에서 더 나아가 '(과거에) ~하고 있었다, (미래에) ~하고 있을 것이다'라고 말하는 '과거진행시제, 미래진행시제'를 배울 거예요.

과거진행시제	was/were+동사-ing = (과거에) ~하고 있었다
미래진행시제	will be 동사-ing = (미래에) ~하고 있을 것이다

★ 관계대명사

아래와 같이 두 요소를 연결해 하나로 합쳐서 말할 수 있게 해 주는 '관계대명사(who(m), when, where, why, which, that)'에 대해 배울 거예요.

the man who lives next door	옆집에 사는 남자

★ '이디엄(idiom)'

아래와 같이 해석만으로는 이해 불가능한 다양한 '이디엄'을 배울 거예요.

sell like hot cakes	[직역] 핫케익처럼 팔리다 / [실제 뜻] 불티나게 팔리다

CHAPTER 01

'~하는 것'이라고 영어로 말하기

학습 목표 & 주요 내용

- '동명사(동사-ing)'를 써서 '~하는 것'이라고 영어로 말하기
- 문장 주어+동사+목적어+전치사구 단어 enjoy, paint, free time

- 동명사 목적어를 쓰는 동사 enjoy를 활용해 말하기
- 문장 주어+동사+목적어+전치사구 단어 fish, lake, river

- 동명사 목적어를 쓰는 동사 keep을 활용해 말하기
- 문장 주어+동사+목적어+전치사구 단어 keep, receive, praise

- stop 뒤에 동명사 목적어를 써서 영어로 말하기
- 문장 주어+동사+목적어+전치사구 단어 stop, fight, argue

- 동명사를 문장의 '주어 자리'에 놓고 영어로 말하기
- 문장 주어+be동사+보어 단어 healthy / diet / important

- 'to부정사(to-동사)'를 써서 '~하는 것'이라고 영어로 말하기
- 문장 주어+동사+목적어 단어 want / try / restaurant

- to부정사 목적어를 쓰는 동사 want를 활용해 말하기
- 문장 주어+동사+목적어 단어 miss / ruin / opportunity

- hope 뒤에 to부정사 목적어를 써서 영어로 말하기
- 문장 주어+동사+목적어 단어 hope, win, match

- to부정사 목적어를 쓰는 동사 decide를 활용해 말하기
- 문장 주어+동사+목적어 단어 decide, adopt, raise

- to부정사 목적어를 쓰는 동사 promise를 활용해 말하기
- 문장 주어+동사+목적어 단어 promise, reveal, secret

오늘은 '동사-ing = ~하는 것'이라고 해석되는
'동명사'에 대해 배워 보도록 합시다.

I enjoy painting in my free time.

전 여가 시간에 그림 그리길 즐겨요.

paint (그림 그리다) → painting (그림 그리는 것)

동사-ing = ~하는 것

위와 같이 동사에 '-ing'가 붙어 '~하는 것'이라고 해석되는 걸 '동명사'라고 해요.

그럼 동명사 painting과 아래의 표현들로 문장을 만들어 볼까요?

enjoy = 즐기다 / free time = 자유 시간

▼

주어	동사	목적어	전치사구
I 나는	enjoy 즐긴다	painting 그림 그리는 것을	in my free time 나의 자유 시간에

▼

I enjoy painting in my free time.

나는 나의 자유 시간에 그림 그리는 것을 즐긴다.

▼

전 여가 시간에 그림 그리길 즐겨요.

MP3_001

새로 배운 단어들의 발음을 듣고 소리 내어 말하며 몇 번씩 써 보세요.

| enjoy | 즐기다 |

enjoy ▸ enjoy

| paint | (물감으로) 그림 그리다 |

paint ▸ paint

| free time | 자유 시간 |

free time ▸ free time

오늘의 문장 듣고 써 보기

MP3_002

오늘 만든 문장의 전체 발음을 듣고 소리 내어 말하며 스스로 써 보세요.

I enjoy painting in my free time.

오늘의 쓰기 날짜   월   일

오늘은 동명사 목적어만 쓸 수 있는 동사
enjoy로 영작 연습을 한 번만 더 해 봅시다.

My dad enjoys fishing in the lake.

우리 아빠는 호수에서 낚시하는 걸 즐겨요.

enjoy+동명사 = ~하는 것을 즐기다

동사 **enjoy** 뒤에 목적어를 쓸 땐

명사, 혹은 '동명사'만 목적어로 쓸 수 있어요.

그럼 아래의 표현들로 '호수[강]에서 낚시하길 즐긴다'고 말해 볼까요?

fish = 물고기; 낚시하다 / **lake** = 호수 / **river** = 강

▼

주어	동사	목적어	전치사구
My dad	enjoys	fishing	**in the lake**
나의 아빠는	즐긴다	낚시하는 것을	호수에서

▼

My dad enjoys fishing **in the lake**.

나의 아빠는 호수에서 낚시하는 것을 즐긴다.

▼

우리 아빠는 호수에서 낚시하는 걸 즐겨요.

MP3_003

새로 배운 단어들의 발음을 듣고 소리 내어 말하며 몇 번씩 써 보세요.

fish	물고기; 낚시하다

fish ▸ fish

lake	호수

lake ▸ lake

river	강

river ▸ river

MP3_004

오늘 만든 문장의 전체 발음을 듣고 소리 내어 말하며 스스로 써 보세요.

My dad enjoys fishing in the lake.

오늘은 동명사 목적어만 쓸 수 있는 동사
keep을 활용해 영어로 말해 봅시다.

He kept receiving praise for his work.

그는 일로 계속 칭찬받았어요.

keep+동명사 = ~하는 것을 유지하다

동사 **keep**(과거형은 **kept**) 뒤에 목적어를 쓸 땐

명사, 혹은 '동명사'만 목적어로 쓸 수 있어요.

그럼 아래의 표현들로 '일로 계속 칭찬을 받았다'고 말해 볼까요?

receive = 받다 / **praise** = 칭찬 / **work** = 일

▼

주어	동사	목적어	전치사구
He	kept	receiving praise	for his work
그는	유지했다	칭찬을 받는 것을	그의 일로

▼

He kept receiving praise for his work.

그는 그의 일로 칭찬을 받는 것을 유지했다.

▼

그는 일로 계속 칭찬받았어요.

새로운 단어 듣고 써 보기

MP3_005

새로 배운 단어들의 발음을 듣고 소리 내어 말하며 몇 번씩 써 보세요.

keep	유지하다

keep ▸ keep

receive	받다, 받아들이다

receive ▸ receive

praise	칭찬

praise ▸ praise

오늘의 문장 듣고 써 보기

MP3_006

오늘 만든 문장의 전체 발음을 듣고 소리 내어 말하며 스스로 써 보세요.

He kept receiving praise for his work.

DAY 004

오늘의 쓰기 날짜   월   일

오늘은 stop이라는 동사 뒤에 동명사 목적어를
써서 영어로 말하는 연습을 해 봅시다.

She stopped fighting with her friend.

그녀는 친구와 싸우길 멈췄어요.

---

stop+동명사 = ~하는 것을 멈추다[그만하다]

동사 **stop**(과거형은 **stopped**) 뒤에 동명사 목적어를 쓰면

'~하는 것을 멈추다[그만하다]'라는 뜻으로 해석돼요.

그럼 아래의 표현들로 '싸우는 것[다투는 것]을 멈췄다'고 말해 볼까요?

fight = 싸우다 / **argue** = 다투다, 언쟁하다

▼

주어	동사	목적어	전치사구
She 그녀는	stopped 멈췄다	fighting 싸우는 것을	**with her friend** 그녀의 친구와

▼

She stopped fighting with her friend.

그녀는 그녀의 친구와 싸우는 것을 멈췄다.

▼

그녀는 친구와 싸우길 멈췄어요.

32

MP3_007

새로 배운 단어들의 발음을 듣고 소리 내어 말하며 몇 번씩 써 보세요.

| stop | 멈추다, 그만하다 |

stop ▸ stop

| fight | 싸우다 |

fight ▸ fight

| argue | 다투다, 언쟁하다 |

argue ▸ argue

오늘의 문장 듣고 써 보기

MP3_008

오늘 만든 문장의 전체 발음을 듣고 소리 내어 말하며 스스로 써 보세요.

She stopped fighting with her friend.

오늘은 동명사를 '문장의 주어' 자리에 놓고
영어로 말하는 연습을 해 봅시다.

Eating a healthy diet is important.

건강하게 식사하는 것이 중요해요.

동명사 is ~ = ~하는 것은 ~이다

동명사는 명사처럼 '~하는 것'이라고 해석되기 때문에

위와 같이 문장에서 주어 자리에 오는 것도 가능해요.

그럼 아래의 표현들로 '건강하게 식사하는 것이 중요하다'고 말해 볼까요?

healthy = 건강한 / **diet** = 식단 / **important** = 중요한

▼

주어	be동사	보어
Eating a healthy diet 건강한 식단을 먹는 것은	**is** ~이다	**important** 중요한

▼

Eating a healthy diet is important.

건강한 식단을 먹는 것은 중요하다.

▼

건강하게 식사하는 것이 중요해요.

새로운 단어 듣고 써 보기

MP3_009

새로 배운 단어들의 발음을 듣고 소리 내어 말하며 몇 번씩 써 보세요.

healthy	건강한

healthy ▸ healthy

diet	식단, 식습관

diet ▸ diet

important	중요한

important ▸ important

오늘의 문장 듣고 써 보기

MP3_010

오늘 만든 문장의 전체 발음을 듣고 소리 내어 말하며 스스로 써 보세요.

Eating a healthy diet is important.

오늘의 쓰기 날짜   월   일

오늘은 'to-동사 = ~하는 것'이라고 해석되는
'to부정사'에 대해 배워 보도록 합시다.

I want to try that new restaurant.

나 그 새로운 식당에 가 보고 싶어.

try (시도하다) → to try (시도하는 것)

to-동사 = ~하는 것

위와 같이 동사 앞에 'to-'가 붙어 '~하는 것'이라고 해석되는 걸 'to부정사'라고 해요.

그럼 to부정사 'to try'와 아래의 표현들로 문장을 만들어 볼까요?

want = 원하다 / restaurant = 식당

▼

주어	동사	목적어
I 나는	want 원한다	to try that new restaurant 그 새로운 식당을 시도하는 것을

▼

I want to try that new restaurant.

나는 그 새로운 식당을 시도하는 것을 원한다.

▼

나 그 새로운 식당에 가 보고 싶어.

MP3_011

새로 배운 단어들의 발음을 듣고 소리 내어 말하며 몇 번씩 써 보세요.

want	원하다

want ▸ want

try	시도하다; 노력하다

try ▸ try

restaurant	식당

restaurant ▸ restaurant

MP3_012

오늘 만든 문장의 전체 발음을 듣고 소리 내어 말하며 스스로 써 보세요.

I want to try that new restaurant.

오늘의 쓰기 날짜　　월　일

오늘은 to부정사 목적어만 쓸 수 있는 동사
want로 영작 연습을 한 번만 더 해 봅시다.

I don't want to miss this opportunity.

전 이 기회를 놓치고 싶지 않아요.

want+to부정사 = ~하는 것을 원하다

동사 **want** 뒤에 목적어를 쓸 땐

명사, 혹은 'to부정사'만 목적어로 쓸 수 있어요.

그럼 아래의 표현들로 '기회를 놓치고[망치고] 싶지 않다'고 말해 볼까요?

miss = 놓치다 / **ruin** = 망치다 / **opportunity** = 기회

▼

주어	동사	목적어
I 나는	don't want 원하지 않는다	to miss this opportunity 이 기회를 놓치는 것을

▼

I don't want to miss this opportunity.

나는 이 기회를 놓치는 것을 원하지 않는다.

▼

전 이 기회를 놓치고 싶지 않아요.

새로운 단어 듣고 써 보기

MP3_013

새로 배운 단어들의 발음을 듣고 소리 내어 말하며 몇 번씩 써 보세요.

miss	놓치다

miss ▶ miss

ruin	망치다

ruin ▶ ruin

opportunity	기회

opportunity ▶ opportunity

오늘의 문장 듣고 써 보기

MP3_014

오늘 만든 문장의 전체 발음을 듣고 소리 내어 말하며 스스로 써 보세요.

I don't want to miss this opportunity.

오늘의 쓰기 날짜   월   일

오늘은 hope이라는 동사 뒤에 to부정사
목적어를 써서 영어로 말해 봅시다.

They hope to win the soccer match.

그들은 축구 시합에서 이기길 바라고 있어요.

hope+to부정사 = ~하는 것을 바라다

동사 **hope** 뒤에 **to**부정사 목적어를 쓰면

'~하는 것을 바라다'라는 뜻으로 해석돼요.

그럼 아래의 표현들로 '시합에서 이기는 것을 바란다'고 말해 볼까요?

win = 이기다, 승리하다 / **match** = 시합, 경기

▼

주어	동사	목적어
They	hope	to win soccer match
그들은	바란다	축구 시합을 이기는 것을

▼

They hope to win the soccer match.

그들은 축구 시합을 이기는 것을 바란다.

▼

그들은 축구 시합에서 이기길 바라고 있어요.

MP3_015

새로 배운 단어들의 발음을 듣고 소리 내어 말하며 몇 번씩 써 보세요.

| hope | 바라다, 희망하다 |

hope ▸ hope

| win | 이기다, 승리하다 |

win ▸ win

| match | 시합, 경기 |

match ▸ match

오늘의 문장 듣고 써 보기

MP3_016

오늘 만든 문장의 전체 발음을 듣고 소리 내어 말하며 스스로 써 보세요.

They hope to win the soccer match.

오늘은 to부정사 목적어만 쓸 수 있는 동사
decide를 활용해 영어로 말해 봅시다.

We decided to adopt a puppy.

우리는 강아지를 입양하기로 결정했어.

decide+to부정사 = ~하는 것을 결정하다

동사 **decide**(과거형은 **decided**) 뒤에 목적어를 쓸 땐

명사, 혹은 '**to**부정사'만 목적어로 쓸 수 있어요.

그럼 아래의 표현들로 '강아지를 입양하[키우]기로 결정했다'고 말해 볼까요?

adopt = 입양하다 / **raise** = 키우다, 기르다

▼

주어	동사	목적어
We	decided	to adopt a puppy
우리는	결정했다	강아지를 입양하는 것을

▼

We decided to adopt a puppy.

우리는 강아지를 입양하는 것을 결정했다.

▼

우리는 강아지를 입양하기로 결정했어.

MP3_017

새로 배운 단어들의 발음을 듣고 소리 내어 말하며 몇 번씩 써 보세요.

decide	결정하다

decide ▸ decide

adopt	입양하다

adopt ▸ adopt

raise	키우다, 기르다

raise ▸ raise

오늘의 문장 듣고 써 보기

MP3_018

오늘 만든 문장의 전체 발음을 듣고 소리 내어 말하며 스스로 써 보세요.

We decided to adopt a puppy.

43

오늘의 쓰기 날짜   월   일

오늘은 to부정사 목적어만 쓰는 동사 promise로
'~하지 않기로 약속했다'고 말해 봅시다.

You promised
not to reveal the secret.

너 비밀을 누설 안 하기로 약속했잖아.

---

promise+(**not**) **to**부정사 = ~하(지 않)는 것을 약속하다

동사 **promise**(과거형은 **promised**) 뒤에 목적어를 쓸 땐

명사, 혹은 '**to**부정사'만 목적어로 쓸 수 있어요.

그럼 아래의 표현들로 '비밀을 밝히지 않기로 약속했다'고 말해 볼까요?

reveal = (비밀을) 밝히다, 드러내다 / **secret** = 비밀

▼

주어	동사	목적어
You 너는	promised 약속했다	**not to reveal the secret** 비밀을 밝히지 않는 것을

▼

You promised not to reveal the secret.

너는 비밀을 밝히지 않는 것을 약속했다.

▼

너 비밀을 누설 안 하기로 약속했잖아.

44

MP3_019

새로 배운 단어들의 발음을 듣고 소리 내어 말하며 몇 번씩 써 보세요.

promise	약속하다

promise ▸ promise

reveal	(비밀을) 밝히다, 드러내다

reveal ▸ reveal

secret	비밀

secret ▸ secret

MP3_020

오늘 만든 문장의 전체 발음을 듣고 소리 내어 말하며 스스로 써 보세요.

You promised not to reveal the secret.

CHAPTER 02

'~할, ~하기 위해'라고 영어로 말하기

학습 목표 & 주요 내용

- '~할'이라고 해석되는 to부정사의 사용법 익히기
- 문장 주어+동사+목적어+전치사구   단어 need, recover, flu

- '~할 힘'이라는 표현을 활용하여 영어로 말하기
- 문장 주어+동사+목적어   단어 energy, move, exercise

- '~할 것[뭐든]'이라는 표현을 활용하여 영어로 말하기
- 문장 조동사(Do)+주어+동사+목적어?   단어 something, anything, drink

- '~할 (좋은) 곳'이라는 표현을 활용하여 영어로 말하기
- 문장 주어+동사+목적어   단어 find, place, stay

- '~할 방법'이라는 표현을 활용하여 영어로 말하기
- 문장 주어+동사+목적어   단어 way, contact, reach

- '~하기 위해'라고 해석되는 to부정사의 사용법 익히기
- 문장 주어+동사+부사구   단어 recycle, protect, environment

- '~하기 위해 노력하다'라고 영어로 말하기
- 문장 주어+동사+부사구   단어 improve, grade, skill

- '~할 준비가 된'이라고 영어로 말하기
- 문장 be동사+주어+보어+부사구?   단어 ready, order, meal

- to부정사의 세 가지 사용법을 모두 활용하여 말하기 (1)
- 문장 주어+동사+목적어+부사구   단어 beach, pool, swim

- to부정사의 세 가지 사용법을 모두 활용하여 말하기 (2)
- 문장 주어+동사+목적어+부사구   단어 hurry, catch, train

오늘은 'A(명사)+to부정사 = ~할 A'라는 표현을
활용하여 영어로 말하는 연습을 해 봅시다.

I need time to recover from the flu.

나 독감에서 회복될 시간이 필요해.

time (시간) → time+to부정사 (~할 시간)

A(명사)+to부정사 = ~할 A(명사)

위와 같이 to부정사를 명사 뒤에 붙여 쓰면 '~할'이라고 해석돼요.

그럼 아래의 표현들로 '회복될 시간이 필요하다'고 말해 볼까요?

need = 필요하다 / recover = 회복되다 / flu = 독감

▼

주어	동사	목적어	전치사구
I	need	time to recover	from the flu
나는	필요하다	회복될 시간이	독감으로부터

▼

I need time to recover from the flu.

나는 독감으로부터 회복될 시간이 필요하다.

▼

나 독감에서 회복될 시간이 필요해.

MP3_021

새로 배운 단어들의 발음을 듣고 소리 내어 말하며 몇 번씩 써 보세요.

| need | 필요하다 |

need ▸ need

| recover | 회복되다 |

recover ▸ recover

| flu | 독감 |

flu ▸ flu

오늘의 문장 듣고 써 보기

MP3_022

오늘 만든 문장의 전체 발음을 듣고 소리 내어 말하며 스스로 써 보세요.

I need time to recover from the flu.

오늘의 쓰기 날짜   월   일

오늘은 'don't have'라는 표현을 활용하여
'~할 힘이 없다'고 영어로 말해 봅시다.

I don't have the energy to move.

나 움직일 힘이 없어.

energy+to부정사 = ~할 힘

살면서 '나 ~할 힘 없어'라는 말 자주 하곤 하죠?

오늘은 '**don't have**(가지고 있지 않다)'라는 표현과

아래의 단어들로 '움직일[운동할] 힘이 없다'고 말해 볼까요?

energy = 힘, 기력 / **move** = 움직이다 / **exercise** = 운동하다

▼

주어	동사	목적어
I 나는	**don't have** 가지고 있지 않다	**the energy to move** 움직일 힘을

▼

I don't have <u>the energy to move</u>.

나는 <u>움직일 힘</u>을 가지고 있지 않다.

▼

나 움직일 힘이 없어.

MP3_023

새로 배운 단어들의 발음을 듣고 소리 내어 말하며 몇 번씩 써 보세요.

| energy | 힘, 기력 |

energy ▸ energy

| move | 움직이다 |

move ▸ move

| exercise | 운동하다 |

exercise ▸ exercise

오늘의 문장 듣고 써 보기

MP3_024

오늘 만든 문장의 전체 발음을 듣고 소리 내어 말하며 스스로 써 보세요.

I don't have the energy to move.

DAY 013

오늘의 쓰기 날짜   월   일

오늘은 'something/anything+to부정사'란 표현으로
'~할 것[뭐든] 좀 줄까?'라고 영어로 말해 봅시다.

Do you want something to drink?

뭐 마실 것 좀 줄까?

---

something+to부정사 = ~할 (어떤) 것

anything+to부정사 = ~할 무엇(이든)

위 표현은 상대방에게 '~할 것[뭐든] 좀 줄까?'라고 물어볼 때 잘 써요.

그럼 위 표현들과 아래의 단어로 '마실 것[뭐든]'이라고 말해 볼까요?

drink = 마시다

▼

조동사	주어	동사	목적어
Do	**you**	**want**	**something to drink?**
~하니?	너는	원하다	마실 것

▼

Do you want <u>something to drink</u>?

너는 <u>마실 것</u>을 원하니?

▼

뭐 마실 것 좀 줄까?

MP3_025

새로 배운 단어들의 발음을 듣고 소리 내어 말하며 몇 번씩 써 보세요.

| something | (어떤) 것 |

something ▸ something

| anything | 무엇(이든) |

anything ▸ anything

| drink | 마시다 |

drink ▸ drink

MP3_026

오늘 만든 문장의 전체 발음을 듣고 소리 내어 말하며 스스로 써 보세요.

Do you want something to drink?

DAY 014

오늘의 쓰기 날짜   월   일

오늘은 '(good) place+to부정사'라는 표현을 써서
'~할 (좋은) 곳을 찾다'라고 영어로 말해 봅시다.

We found
a good place to stay.

우리는 머물 만한 좋은 곳을 찾았어요.

(good) place+to부정사 = ~할 (좋은) 곳

살면서 '~할 곳'라는 표현을 아주 많이 사용하죠?

오늘은 '(good) place+to부정사'라는 표현과 아래의 단어들로

'~할 (좋은) 곳을 찾았다'고 영어로 말해 볼까요?

find = 찾다 (과거형은 found) / stay = 머무르다

▼

주어	동사	목적어
We 우리는	**found** 찾았다	**a good place to stay** 머물 좋은 곳을

▼

We found a good place to stay.

우리는 머물 좋은 곳을 찾았다.

▼

우리는 머물 만한 좋은 곳을 찾았어요.

54

MP3_027

새로 배운 단어들의 발음을 듣고 소리 내어 말하며 몇 번씩 써 보세요.

| find | 찾다, 발견하다 |

find ▸ find

| place | 장소, 곳 |

place ▸ place

| stay | 머무르다 |

stay ▸ stay

오늘의 문장 들고 써 보기

MP3_028

오늘 만든 문장의 전체 발음을 듣고 소리 내어 말하며 스스로 써 보세요.

We found a good place to stay.

오늘은 'way+to부정사'라는 표현을 써서
'~할 방법을 못 찾았다'고 영어로 말해 봅시다.

I didn't find a way to contact him.

나 그한테 연락할 방법을 못 찾았어.

---

way+to부정사 = ~할 방법

살면서 '~할 방법'이라는 표현 또한 아주 많이 사용하죠?

오늘은 'way+to부정사'라는 표현과 아래의 단어들로

'연락할 방법을 못 찾았다'고 영어로 말해 볼까요?

contact = (전화, 편지로) 연락하다 / **reach** = (특히 전화로) 연락하다

▼

주어	동사	목적어
I 나는	**didn't find** 찾지 못했다	**a way to contact him** 그에게 연락할 방법을

▼

I didn't find a way to contact him.

나는 그에게 연락할 방법을 찾지 못했다.

▼

나 그한테 연락할 방법을 못 찾았어.

새로 배운 단어들의 발음을 듣고 소리 내어 말하며 몇 번씩 써 보세요.

| way | 길, 방법 |

way ▸ way

| contact | (전화, 편지로) 연락하다 |

contact ▸ contact

| reach | (특히 전화로) 연락하다 |

reach ▸ reach

오늘의 문장 듣고 써 보기

MP3_030

오늘 만든 문장의 전체 발음을 듣고 소리 내어 말하며 스스로 써 보세요.

I didn't find a way to contact him.

DAY 016

오늘의 쓰기 날짜   월   일

오늘은 to부정사가 '~하기 위해'라는 뜻으로
쓰이는 경우를 배우고 영어로 말해 봅시다.

I recycle to protect the environment.

난 환경 보호를 위해 재활용을 해.

protect (보호하다) → to protect (보호하기 위해)

to-동사 = ~하기 위해

to부정사는 위와 같이 '~하기 위해'라는 뜻으로도 쓰일 수 있어요.

그럼 아래의 단어들로 '환경을 보호하기 위해 재활용하다'라고 말해 볼까요?

recycle = 재활용하다 / environment = 환경

▼

주어	동사	부사구
I 나는	**recycle** 재활용한다	**to protect the environment** 환경을 보호하기 위해

▼

I recycle to protect the environment.

나는 환경을 보호하기 위해 재활용한다.

▼

난 환경 보호를 위해 재활용을 해.

새로운 단어 듣고 써 보기

MP3_031

새로 배운 단어들의 발음을 듣고 소리 내어 말하며 몇 번씩 써 보세요.

recycle	재활용하다

recycle ▸ recycle

protect	보호하다

protect ▸ protect

environment	환경

environment ▸ environment

오늘의 문장 듣고 써 보기

MP3_032

오늘 만든 문장의 전체 발음을 듣고 소리 내어 말하며 스스로 써 보세요.

I recycle to protect the environment.

오늘의 쓰기 날짜   월   일

오늘은 'try+to부정사'라는 표현을 활용하여
'~하기 위해 노력하다'라고 영어로 말해 봅시다.

He's trying to improve his grades.

그는 성적을 올리려고 노력하고 있어요.

try+to부정사 = ~하기 위해 노력하다

살면서 '~하기 위해 노력하다'라는 표현 정말 많이 사용하죠?

오늘은 'try+to부정사'라는 표현과 아래의 단어들로

'성적[기술]을 향상시키기 위해 노력하다'라고 영어로 말해 볼까요?

improve = 향상시키다 / grade = 성적 / skill = 기술

▼

주어	동사	부사구
He 그는	is trying 노력하고 있다	to improve his grades 그의 성적을 향상시키기 위해

▼

He's trying to improve his grades.

그는 그의 성적을 향상시키기 위해 노력하고 있다.

▼

그는 성적을 올리려고 노력하고 있어요.

새로운 단어 듣고 써 보기

새로 배운 단어들의 발음을 듣고 소리 내어 말하며 몇 번씩 써 보세요.

improve	향상시키다

improve ▸ improve

grade	성적

grade ▸ grade

skill	기술

skill ▸ skill

오늘의 문장 듣고 써 보기

오늘 만든 문장의 전체 발음을 듣고 소리 내어 말하며 스스로 써 보세요.

He's trying to improve his grades.

DAY 018

오늘의 쓰기 날짜　　　월　　일

오늘은 'ready+to부정사'라는 표현을 활용하여
'~하기 위해[~할] 준비가 됐니?'라고 질문해 봅시다.

Are you ready to order your meal?

식사 주문할 준비가 되셨나요?

ready+to부정사 = ~하기 위해 준비된 (상태)

살면서 '~하기 위해[~할] 준비가 됐니?'라는 질문 정말 많이 하죠?

오늘은 'ready+to부정사'라는 표현과 아래의 단어들로

'식사를 주문할 준비가 됐나요?'라고 영어로 질문해 볼까요?

order = 주문하다 / meal = 식사

▼

be동사	주어	보어	부사구
Are	**you**	ready	to order your meal?
~이니?	너는	준비된 (상태)	너의 식사를 주문하기 위해

▼

Are you <u>ready to order</u> your meal?

너는 너의 식사를 <u>주문하기 위해 준비된 (상태)</u>이니?

▼

식사 주문할 준비가 되셨나요?

MP3_035

새로 배운 단어들의 발음을 듣고 소리 내어 말하며 몇 번씩 써 보세요.

| ready | 준비된 |

ready ▶ ready

| order | 주문하다 |

order ▶ order

| meal | 식사, 끼니 |

meal ▶ meal

오늘의 문장 듣고 써 보기

MP3_036

오늘 만든 문장의 전체 발음을 듣고 소리 내어 말하며 스스로 써 보세요.

Are you ready to order your meal?

오늘은 앞서 배운 to부정사의 세 가지 뜻을
모두 활용하여 영어로 말해 봅시다.

I want to go to the beach to swim.

나 수영하러 해변에 가고 싶어.

to-동사 = ~하는 것, ~할, ~하기 위해

앞서 우리는 **to**부정사가 위와 같이

세 가지 방법으로 쓰일 수 있다고 배웠어요. 그럼 이를 활용하여

'수영하기 위해 해변[수영장]에 가는 것을 원한다'고 말해 볼까요?

beach = 해변 / **pool** = 수영장 / **swim** = 수영하다

▼

주어	동사	목적어	부사구
I	**want**	**to go to the beach**	**to swim**
나는	원한다	해변에 가는 것을	수영하기 위해

▼

I want to go to the beach to swim.

나는 수영하기 위해 해변에 가는 것을 원한다.

▼

나 수영하러 해변에 가고 싶어.

MP3_037

새로 배운 단어들의 발음을 듣고 소리 내어 말하며 몇 번씩 써 보세요.

| beach | 해변 |

beach ▸ beach

| pool | 수영장 |

pool ▸ pool

| swim | 수영하다 |

swim ▸ swim

MP3_038

오늘 만든 문장의 전체 발음을 듣고 소리 내어 말하며 스스로 써 보세요.

I want to go to the beach to swim.

오늘도 전 시간에 이어 to부정사의 세 가지 뜻을
모두 활용하여 영어로 말해 봅시다.

We need to hurry to catch the train.

우리 기차를 잡으려면 서둘러야 해요.

---

to-동사 = ~하는 것, ~할, ~하기 위해

오늘도 전 시간에 이어 **to**부정사의 세 가지 뜻을 모두 활용하여

좀 더 길고 풍성한 문장을 만들고 말해 볼까요?

그럼 아래의 단어들로 '기차를 잡기 위해 서둘러야 한다'고 말해 보세요.

hurry = 서두르다 / **catch** = (붙)잡다 / **train** = 기차

▼

주어	동사	목적어	부사구
We 우리는	**need** 필요하다	to hurry 서두르는 것이	to catch **the train** 기차를 잡기 위해

▼

We need to hurry to catch the train.

우리는 기차를 잡기 위해 서두르는 것이 필요하다.

▼

우리 기차를 잡으려면 서둘러야 해요.

66

새로 배운 단어들의 발음을 듣고 소리 내어 말하며 몇 번씩 써 보세요.

hurry	서두르다

hurry ▸ hurry

catch	(붙)잡다

catch ▸ catch

train	기차

train ▸ train

오늘의 문장 듣고 써 보기

오늘 만든 문장의 전체 발음을 듣고 소리 내어 말하며 스스로 써 보세요.

We need to hurry to catch the train.

CHAPTER 03

'~할 수 있다, ~해도 된다'고 영어로 말하기

	오늘 써 볼 영어 문장
DAY 021	**I can ride a bicycle very well.** 전 자전거를 아주 잘 탈 수 있어요.
DAY 022	**I can pack my bag in ten minutes.** 나 10분 안에 가방 쌀 수 있어.
DAY 023	**I can figure out the cause of the error.** 내가 그 오류의 원인을 밝혀낼 수 있어.
DAY 024	**You can choose a date to hang out.** 네가 같이 놀고 싶은 날을 골라도 돼.
DAY 025	**I can't rest because of the noise.** 나 소음 때문에 쉴 수가 없어.
DAY 026	**I can't imagine life without my family.** 나 가족이 없는 삶은 상상도 할 수 없어.
DAY 027	**We can't enter the restricted area.** 우린 제한 구역에 들어가면 안 돼.
DAY 028	**Can I complete this without help?** 제가 도움 없이 이걸 끝낼 수 있을까요?
DAY 029	**Can I borrow your scissors?** 네 가위 좀 빌려도 될까?
DAY 030	**Can you turn down the volume?** 소리 좀 낮춰 주실래요?

학습 목표 & 주요 내용

- 조동사 can으로 '~할 수 있다'라고 영어로 말하기
- 문장 주어+동사+목적어+부사 단어 ride, bicycle, inline skates

- 'can+동사'를 활용해 영어로 말하기
- 문장 주어+동사+목적어+전치사구 단어 pack, minute, second

- 'can+구동사'를 활용해 영어로 말하기
- 문장 주어+동사+목적어 단어 figure out, cause, error

- 조동사 can으로 '~해도 된다'고 영어로 말하기
- 문장 주어+동사+목적어 단어 choose, date, hang out

- 'cannot(can't)+동사'로 '~할 수 없다'고 영어로 말하기
- 문장 주어+동사+전치사구 단어 rest, noise, because of

- 'can't imagine A(명사) without ~'을 써서 영어로 말하기
- 문장 주어+동사+목적어 단어 imagine, life, without

- 'cannot(can't)+동사'로 '~하면 안 된다'고 영어로 말하기
- 문장 주어+동사+목적어 단어 enter, restricted, area

- 'Can+주어+동사?'로 '~가 ~할 수 있을까?'라고 영어로 말하기
- 문장 조동사(Can)+주어+동사+목적어+전치사구? 단어 complete, help, assistance

- 'Can+주어+동사?'로 '~가 ~해도 될까?'라고 영어로 말하기
- 문장 조동사(Can)+주어+동사+목적어? 단어 borrow, scissors, glue

- 'Can you 동사?'로 '~해 줄 수 있어?'라고 영어로 부탁하기
- 문장 조동사(Can)+주어+동사+목적어? 단어 turn down, turn up, volume

오늘은 조동사 can을 동사 앞에 붙여서
'~할 수 있다'고 영어로 말하는 연습을 해 봅시다.

I can ride a bicycle very well.

전 자전거를 아주 잘 탈 수 있어요.

ride (타다) → can ride (탈 수 있다)

can+동사 = ~할 수 있다

위와 같이 동사 앞에 **can**을 붙여서 말하면 '~할 수 있다'는 뜻이 됩니다.

그럼 아래의 표현들로 '자전거[인라인 스케이트]를 탈 수 있다'고 말해 볼까요?

ride = 타다 / **bicycle** = 자전거 / **inline skates** = 인라인 스케이트

▼

주어	동사	목적어	부사
I 나는	**can ride** 탈 수 있다	**a bicycle** 자전거를	**very well** 아주 잘

▼

I can ride **a bicycle very well.**

나는 자전거를 아주 잘 탈 수 있다.

▼

전 자전거를 아주 잘 탈 수 있어요.

MP3_041

새로 배운 단어들의 발음을 듣고 소리 내어 말하며 몇 번씩 써 보세요.

| ride | (각종 탈 것들을) 타다 |

ride ▸ ride

| bicycle | 자전거 |

bicycle ▸ bicycle

| inline skates | 인라인 스케이트 |

inline skates ▸ inline skates

오늘의 문장 듣고 써 보기

MP3_042

오늘 만든 문장의 전체 발음을 듣고 소리 내어 말하며 스스로 써 보세요.

I can ride a bicycle very well.

DAY 022

오늘의 쓰기 날짜   월   일

오늘은 전 시간에 이어 조동사 can을 써서
'[능력/가능성] ~할 수 있다'고 영어로 말해 봅시다.

I can pack my bag in ten minutes.

나 10분 안에 가방 쌀 수 있어.

---

can+동사 = [능력/가능성] ~할 수 있다

can과 같이 동사 앞에 붙어 특정한 의미를 더해 주는 말을 '조동사'라고 해요.

그럼 전 시간에 이어 이번 시간에도 조동사 can을 활용하여

'~분[초] 안에 짐을 쌀 수 있다'고 영어로 말해 볼까요?

pack = (가방, 짐 등을) 싸다 / minute = 분 / second = 초

▼

주어	동사	목적어	전치사구
I	can pack	my bag	in ten minutes
나는	쌀 수 있다	나의 가방을	10분 안에

▼

I can pack my bag in ten minutes.

나는 10분 안에 나의 가방을 쌀 수 있다.

▼

나 10분 안에 가방 쌀 수 있어.

72

새로 배운 단어들의 발음을 듣고 소리 내어 말하며 몇 번씩 써 보세요.

| pack | (가방, 짐 등을) 싸다 |

pack ▸ pack

| minute | (시간 단위) 분 |

minute ▸ minute

| second | (시간 단위) 초 |

second ▸ second

오늘의 문장 듣고 써 보기

MP3_044

오늘 만든 문장의 전체 발음을 듣고 소리 내어 말하며 스스로 써 보세요.

I can pack my bag in ten minutes.

DAY 023

오늘은 영어에서 아주 빈번히 쓰이는 구동사 'figure out'을 활용해 영어로 말해 봅시다.

I can figure out the cause of the error.

내가 그 오류의 원인을 밝혀낼 수 있어.

---

figure out = 알아내다; 계산하다

영어에선 위와 같이 '동사+전치사'와 같은 생긴 표현들이 많아요.

이렇게 생긴 표현들을 '구동사'라고 한답니다.

그럼 아래의 단어들로 '오류의 원인을 알아낼 수 있다'고 말해 볼까요?

cause = 원인, 이유 / **error** = 오류, 실수

▼

주어	동사	목적어
I 나는	can figure out 알아낼 수 있다	the cause of the error 오류의 원인을

▼

I can figure out the cause of the error.

나는 오류의 원인을 알아낼 수 있다.

▼

내가 그 오류의 원인을 밝혀낼 수 있어.

MP3_045

새로 배운 단어들의 발음을 듣고 소리 내어 말하며 몇 번씩 써 보세요.

| **figure out** | 알아내다; 계산하다 |

figure out ▶ figure out

| **cause** | 원인, 이유 |

cause ▶ cause

| **error** | 오류, 실수 |

error ▶ error

오늘의 문장 듣고 써 보기

MP3_046

오늘 만든 문장의 전체 발음을 듣고 소리 내어 말하며 스스로 써 보세요.

I can figure out the cause of the error.

오늘은 'can+동사 = ~해도 된다'는 사용법을
활용하여 영어로 말하는 연습을 해 봅시다.

You can choose
a date to hang out.

네가 같이 놓고 싶은 날을 골라도 돼.

can+동사 = [허락] ~해도 된다

'can+동사'는 위와 같이 '~해도 된다'는 '허락'의 의미로도 사용돼요.

그럼 'can+동사 = ~해도 된다'는 뜻의 사용법과 아래와 표현들로

'네가 어울릴[같이 놀] 날짜를 선택해도 된다'고 말해 볼까요?

choose = 선택하다 / **date** = 날짜 / **hang out** = 어울리다

▼

주어	동사	목적어
You	can choose	**a date to hang out**
네가	선택해도 된다	어울릴 날짜를

▼

You <u>can choose</u> a date to hang out.

네가 어울릴 날짜를 <u>선택해도 된다</u>.

▼

네가 같이 놀고 싶은 날을 골라도 돼.

새로운 단어 듣고 써 보기

MP3_047

새로 배운 단어들의 발음을 듣고 소리 내어 말하며 몇 번씩 써 보세요.

choose	선택하다

choose ▸ choose

date	날짜

date ▸ date

hang out	어울리다

hang out ▸ hang out

오늘의 문장 듣고 써 보기

MP3_048

오늘 만든 문장의 전체 발음을 듣고 소리 내어 말하며 스스로 써 보세요.

You can choose a date to hang out.

오늘은 'cannot(can't)'라는 표현을 활용하여
'~할 수 없다'고 영어로 말해 봅시다.

I can't rest
because of the noise.

나 소음 때문에 쉴 수가 없어.

cannot(can't)+동사 = ~할 수 없다

can 뒤에 **not**을 붙여 '**cannot(can't)**'이라고 만든 뒤

동사 앞에 붙여 말하면 '~할 수 없다'는 뜻으로 쓸 수 있어요.

그럼 아래의 표현들로 '소음 때문에 쉴 수 없다'고 말해 볼까요?

rest = 쉬다 / **because of**+명사 = ~때문에 / **noise** = 소음

▼

주어	동사	전치사구
I	can't rest	because of the noise
나는	쉴 수 없다	소음 때문에

▼

I can't rest because of the noise.

나는 소음 때문에 쉴 수 없다.

▼

나 소음 때문에 쉴 수가 없어.

MP3_049

새로 배운 단어들의 발음을 듣고 소리 내어 말하며 몇 번씩 써 보세요.

| rest | 쉬다 |

rest ▸ rest

| because of | ~때문에 |

because of ▸ because of

| noise | 소음 |

noise ▸ noise

오늘의 문장 듣고 써 보기

MP3_050

오늘 만든 문장의 전체 발음을 듣고 소리 내어 말하며 스스로 써 보세요.

I can't rest because of the noise.

오늘은 'can't imagine A without ~'이라는 표현으로
'~없는 A는 상상할 수 없다'고 말해 봅시다.

I can't imagine life without my family.

나 가족이 없는 삶은 상상도 할 수 없어.

can't imagine A(명사) without ~

= ~없는 A는 상상할 수 없다

'~없는 A는 상상할 수 없다'라는 말도 참 자주 쓰는 표현이죠?

그럼 아래의 표현들로 '가족 없는 삶을 상상할 수 없다'고 말해 볼까요?

life = 삶, 인생 / **my family** = 나의 가족

▼

주어	동사	목적어
I 나는	can't imagine 상상할 수 없다	life without my family 나의 가족이 없는 삶을

▼

I can't imagine life without my family.

나는 나의 가족이 없는 삶을 상상할 수 없다.

▼

나 가족이 없는 삶은 상상도 할 수 없어.

새로운 단어 듣고 써 보기

MP3_051

새로 배운 단어들의 발음을 듣고 소리 내어 말하며 몇 번씩 써 보세요.

imagine	상상하다

imagine ▸ imagine

life	삶, 인생

life ▸ life

without	~없이[없는]

without ▸ without

오늘의 문장 듣고 써 보기

MP3_052

오늘 만든 문장의 전체 발음을 듣고 소리 내어 말하며 스스로 써 보세요.

I can't imagine life without my family.

오늘은 'cannot(can't)+동사'라는 표현을 써서
'~하면 안 된다'라고 영어로 말해 봅시다.

We can't enter the restricted area.

우린 제한 구역에 들어가면 안 돼.

cannot(can't)+동사 = ~하면 안 된다

'cannot(can't)+동사'라는 표현은 '~할 수 없다' 외에

'~하면 안 된다'라는 뜻으로도 쓸 수 있어요.

그럼 아래의 표현들로 '제한 구역에 들어가면 안 된다'고 말해 볼까요?

enter = 들어가다 / restricted = 제한된 / area = 구역, 지역

▼

주어	동사	목적어
We 우리는	**can't enter** 들어가면 안 된다	**the restricted area** 제한된 구역을

▼

We <u>can't enter</u> **the restricted area.**

우리는 제한된 구역을 <u>들어가면 안 된다</u>.

▼

우린 제한 구역에 들어가면 안 돼.

새로운 단어 듣고 써 보기

새로 배운 단어들의 발음을 듣고 소리 내어 말하며 몇 번씩 써 보세요.

enter	들어가다, 입장하다

enter ▸ enter

restricted	제한된

restricted ▸ restricted

area	구역, 지역

area ▸ area

오늘의 문장 듣고 써 보기

오늘 만든 문장의 전체 발음을 듣고 소리 내어 말하며 스스로 써 보세요.

We can't enter the restricted area.

오늘은 'Can+주어+동사?'라는 문형을 써서
'~가 ~할 수 있을까?'라고 질문해 봅시다.

Can I complete this without help?

제가 도움 없이 이걸 끝낼 수 있을까요?

Can+주어+동사? = ~가 ~할 수 있을까?

조동사 **can**을 위와 같이 문장 맨 앞으로 옮겨서 말하면

'~가 ~할 수 있을까?'라고 묻는 의문문이 됩니다.

그럼 아래의 표현들로 '내가 도움 없이 이걸 끝낼 수 있을까?'라고 말해 볼까요?

complete = 끝내다 / **help** = 도움 / **assistance** = 지원[도움], 원조

▼

조동사	주어	동사	목적어	전치사구
Can	I	complete	this	without help?
~할 수 있을까?	내가	끝내다	이것을	도움 없이

▼

Can I complete this without help?

내가 도움 없이 이것을 끝낼 수 있을까?

▼

제가 도움 없이 이걸 끝낼 수 있을까요?

새로운 단어 듣고 써 보기

MP3_055

새로 배운 단어들의 발음을 듣고 소리 내어 말하며 몇 번씩 써 보세요.

complete	끝내다, 완성하다

complete ▸ complete

help	도움

help ▸ help

assistance	지원[도움], 원조

assistance ▸ assistance

오늘의 문장 듣고 써 보기

MP3_056

오늘 만든 문장의 전체 발음을 듣고 소리 내어 말하며 스스로 써 보세요.

Can I complete this without help?

오늘은 'Can+주어+동사?'라는 문형을 써서
'~가 ~해도 될까?'라고 질문해 봅시다.

Can I borrow your scissors?

네 가위 좀 빌려도 될까?

Can+주어+동사? = ~가 ~해도 될까?

'Can+주어+동사?'라는 문형은 '~가 ~할 수 있을까?' 외에도

'~가 ~해도 될까?'라는 뜻으로도 쓰일 수 있어요.

그럼 아래의 표현들로 '가위[혹은 '풀']을 빌려도 될까?'라고 질문해 볼까요?

borrow = 빌리다 / **scissors** = 가위 / **glue** = 풀, 접착제

▼

조동사	주어	동사	목적어
Can	I	borrow	your scissors?
~해도 될까?	내가	빌리다	너의 가위를

▼

Can I borrow your scissors?

내가 너의 가위를 빌려도 될까?

▼

네 가위 좀 빌려도 될까?

MP3_057

새로 배운 단어들의 발음을 듣고 소리 내어 말하며 몇 번씩 써 보세요.

| borrow | 빌리다 |

borrow ▸ borrow

| scissors | 가위 |

scissors ▸ scissors

| glue | 풀, 접착제 |

glue ▸ glue

오늘의 문장 듣고 써 보기

MP3_058

오늘 만든 문장의 전체 발음을 듣고 소리 내어 말하며 스스로 써 보세요.

Can I borrow your scissors?

오늘은 'Can you 동사?'라는 문형을 활용하여
'~해 줄 수 있어?'라고 영어로 부탁해 봅시다.

Can you turn down the volume?

소리 좀 낮춰 주실래요?

Can you 동사? = 네가 ~해 줄 수 있어?

상대방에게 무언가를 해 달라고 부탁하거나 요청할 때

'**Can you** 동사?'라는 문형을 써서 말할 수 있어요.

그럼 아래의 표현들로 상대방에게 '음량을 낮춰[높여]달라'고 부탁해 볼까요?

turn down = 낮추다 / **turn up** = 높이다 / **volume** = 음량

▼

조동사	주어	동사	목적어
Can	**you**	turn down	**the volume?**
~해 줄 수 있어?	네가	낮추다	음량을

▼

Can you turn down the volume?

네가 음량을 낮춰 줄 수 있어?

▼

소리 좀 낮춰 주실래요?

MP3_059

새로 배운 단어들의 발음을 듣고 소리 내어 말하며 몇 번씩 써 보세요.

| turn down | (음량 등을) 낮추다 |

turn down ▸ turn down

| turn up | (음량 등을) 높이다 |

turn up ▸ turn up

| volume | 음량, 볼륨 |

volume ▸ volume

오늘의 문장 듣고 써 보기

MP3_060

오늘 만든 문장의 전체 발음을 듣고 소리 내어 말하며 스스로 써 보세요.

Can you turn down the volume?

학습 목표 & 주요 내용

- '~해야 한다[하는 게 좋다]'는 뜻의 조동사 should 익히기
- 문장 주어+동사+부사구   단어 stay, positive, confident

- 'should+동사'를 활용해 영어로 말하기
- 문장 주어+동사+목적어   단어 take, medicine, pill

- 'should not(shouldn't)+동사'를 활용해 영어로 말하기
- 문장 주어+동사+목적어   단어 too much, sugar, salt

- 'Should+주어+동사?'를 활용해 영어로 말하기
- 문장 조동사(Should)+주어+동사+목적어?   단어 get, second, opinion

- '꼭[반드시] ~해야 한다'는 뜻의 조동사 must 익히기
- 문장 주어+동사+목적어   단어 follow, instruction, law

- 조동사 must를 '~인 게 틀림없다'는 뜻으로 활용하기
- 문장 주어+동사+보어+전치사구   단어 proud, success, achievement

- 'must not(mustn't)+동사'를 활용해 영어로 말하기
- 문장 주어+동사+목적어   단어 forget, lock, unlock

- 'have to-동사((의무적으로) ~해야 한다)'고 영어로 말하기
- 문장 주어+동사+목적어   단어 prepare, presentation, speech

- 'don't have to-동사(~할 필요 없다)'고 영어로 말하기
- 문장 주어+동사+전치사구   단어 pay, ticket, bill

- 'Do+주어+have to-동사?'를 활용해 영어로 말하기
- 문장 조동사(Do)+주어+동사+목적어?   단어 show, passport, ID

오늘의 쓰기 날짜   월   일

오늘은 조동사 should를 활용하여
'~해야 한다[하는 것이 좋다]'고 말해 봅시다.

I should try to stay positive.

난 긍정적일 수 있도록 노력해야 해.

try (노력하다) → should try (노력해야 한다)

should+동사 = ~해야 한다[하는 것이 좋다]

조동사 should는 '[조언/권유] ~해야 한다'는 뜻으로 쓰이는 조동사예요.

그럼 아래의 단어들로 '~한 상태로 있기 위해 노력해야 한다'고 말해 볼까요?

stay = (~한 상태로) 있다 / positive = 긍정적인 / confident = 자신 있는

▼

주어	동사	부사구
I 나는	should try 노력해야 한다	to stay positive 긍정적인 (상태)로 있기 위해

▼

I should try to stay positive.

나는 긍정적인 (상태)로 있기 위해 노력해야 한다.

▼

난 긍정적일 수 있도록 노력해야 해.

MP3_061

새로 배운 단어들의 발음을 듣고 소리 내어 말하며 몇 번씩 써 보세요.

stay	(~한 상태로) 있다

stay ▸ stay

positive	긍정적인

positive ▸ positive

confident	자신 있는

confident ▸ confident

MP3_062

오늘 만든 문장의 전체 발음을 듣고 소리 내어 말하며 스스로 써 보세요.

I should try to stay positive.

93

오늘은 'You should 동사'라는 문형을 활용해
'너는 ~해야 돼'라고 권하는 말을 해 봅시다.

You should take a medicine.

너 약 먹어야 돼.

You should 동사 = 너는 ~해야 한다[하는 것이 좋다]

상대방에게 'You should 동사'라고 말하게 되면

어떤 행동을 하라고 '상대방에게 조언/권유하는 표현'이 돼요.

그럼 아래의 단어들로 상대방에게 '(알)약을 복용해야 한다'고 말해 볼까요?

take = (약 등을) 복용하다 / **medicine** = 약 / **pill** = 알약

▼

주어	동사	목적어
You	should take	**a medicine**
너는	복용해야 한다	약을

▼

You should take **a medicine**.

너는 약을 복용해야 한다.

▼

너 약 먹어야 돼.

MP3_063

새로 배운 단어들의 발음을 듣고 소리 내어 말하며 몇 번씩 써 보세요.

| take | (약 등을) 복용하다 |

take ▸ take

| medicine | 약 |

medicine ▸ medicine

| pill | 알약 |

pill ▸ pill

MP3_064

오늘 만든 문장의 전체 발음을 듣고 소리 내어 말하며 스스로 써 보세요.

You should take a medicine.

오늘은 'should not(shouldn't)+동사'라는 표현으로
'~하지 말아야 한다'고 영어로 말해 봅시다.

You shouldn't eat too much sugar.

너 설탕 너무 많이 먹지 말아야 돼.

---

shouldn't+동사 = ~하지 말아야 한다

should 뒤에 **not**을 붙여서 '**should not(shouldn't)**'라고 만든 뒤

동사 앞에 붙여 말하면 '~하지 말아야 한다'라는 뜻이 돼요.

그럼 아래의 표현들로 '설탕[소금]을 너무 많이 먹지 말아야 한다'고 말해 볼까요?

too much = 너무 많은 / **sugar** = 설탕 / **salt** = 소금

▼

주어	동사	목적어
You 너는	**shouldn't eat** 먹지 말아야 한다	**too much sugar** 너무 많은 설탕을

▼

You shouldn't eat too much sugar.

너는 너무 많은 설탕을 먹지 말아야 한다.

▼

너 설탕 너무 많이 먹지 말아야 돼.

MP3_065

새로 배운 단어들의 발음을 듣고 소리 내어 말하며 몇 번씩 써 보세요.

too much	너무 많은

too much ▸ too much

sugar	설탕

sugar ▸ sugar

salt	소금

salt ▸ salt

오늘의 문장 **듣고 써 보기**

MP3_066

오늘 만든 문장의 전체 발음을 듣고 소리 내어 말하며 스스로 써 보세요.

You shouldn't eat too much sugar.

DAY 034

오늘의 쓰기 날짜   월   일

오늘은 'Should+주어+동사?'라는 문형을 써서
'~가 ~해야 할까?'라고 영어로 질문해 봅시다.

Should I get
a second opinion?

제가 다른 의견도 들어 봐야 할까요?

Should+주어+동사? = ~가 ~해야 할까?

should를 문장 맨 앞으로 옮기면 '~가 ~해야 할까?'라는 질문이 돼요.

그럼 아래의 표현들로 '내가 ~해야 할까?'라는 영어 질문을 만들 보세요.

get = 구하다, 얻다 / **second** = 두 번째의 / **opinion** = 의견

(***second opinion**(두 번째 의견)'은 곧 '다른 의견'이라고 풀이돼요.)

▼

조동사	주어	동사	목적어
Should ~해야 할까?	I 내가	get 구하다	a second opinion 다른 의견을

▼

Should I get a second opinion?

내가 다른 의견을 구해야 할까?

▼

제가 다른 의견도 들어 봐야 할까요?

98

새로운 단어 듣고 써 보기

MP3_067

새로 배운 단어들의 발음을 듣고 소리 내어 말하며 몇 번씩 써 보세요.

get	구하다, 얻다

get ▸ get

second	두 번째의

second ▸ second

opinion	의견

opinion ▸ opinion

오늘의 문장 듣고 써 보기

MP3_068

오늘 만든 문장의 전체 발음을 듣고 소리 내어 말하며 스스로 써 보세요.

Should I get a second opinion?

99

DAY 035

오늘은 조동사 must를 써서 좀 더 강한 어조로
'꼭[반드시] ~해야 한다'라고 영어로 말해 봅시다.

You must follow the instructions.

너 꼭 지시사항을 따라야만 해.

follow (따르다) → must follow (꼭 따라야 한다)

must+동사 = 꼭[반드시] ~해야 한다

조동사 **must**는 앞서 배운 **should**보다 좀 더 강한 말투라 보시면 돼요.

그럼 아래의 단어들로 '지시사항[법]을 꼭 따라야 한다'고 말해 볼까요?

follow = 따르다 / **instruction** = 지시(사항) / **law** = 법

▼

주어	동사	목적어
You	**must follow**	**the instructions**
너는	꼭 따라야 한다	지시사항들을

▼

You <u>must follow</u> the instructions.

너는 지시사항들을 꼭 따라야 한다.

▼

너 꼭 지시사항을 따라야만 해.

MP3_069

새로 배운 단어들의 발음을 듣고 소리 내어 말하며 몇 번씩 써 보세요.

follow	따르다

follow ▸ follow

instruction	지시(사항)

instruction ▸ instruction

law	법

law ▸ law

오늘의 문장 듣고 써 보기

MP3_070

오늘 만든 문장의 전체 발음을 듣고 소리 내어 말하며 스스로 써 보세요.

You must follow the instructions.

오늘은 'must be 형용사/명사' 표현을 써서
'~인 게 틀림없다'라고 영어로 말해 봅시다.

He must be proud of your success.

그는 네 성공을 틀림없이 자랑스러워할 거야.

must be 형용사/명사 = [확신] ~인 게 틀림없다

must는 '꼭[반드시] ~해야 한다'라는 뜻 외에도

'(~라는 것이) 틀림없다'라는 뜻으로도 쓸 수 있어요.

그럼 아래의 단어들로 '너의 성공[업적]이 자랑스러울 게 틀림없다'고 말해 볼까요?

proud = 자랑스러운 / **success** = 성공 / **achievement** = 업적, 성취

▼

주어	동사	보어	전치사구
He	must be	proud	**of your success**
그는	~인 게 틀림없다	자랑스러운	너의 성공이

▼

He <u>must be proud</u> of your success.

그는 너의 성공이 <u>자랑스러운 게 틀림없다</u>.

▼

그는 네 성공을 틀림없이 자랑스러워할 거야.

MP3_071

새로 배운 단어들의 발음을 듣고 소리 내어 말하며 몇 번씩 써 보세요.

| proud | 자랑스러운 |

proud ▸ proud

| success | 성공 |

success ▸ success

| achievement | 업적, 성취 |

achievement ▸ achievement

MP3_072

오늘 만든 문장의 전체 발음을 듣고 소리 내어 말하며 스스로 써 보세요.

He must be proud of your success.

오늘의 쓰기 날짜   월   일

오늘은 'must not(mustn't)+동사'라는 표현으로
'절대 ~하면 안 된다'고 영어로 말해 봅시다.

You mustn't forget to lock the door.

너 문 잠그는 거 절대 잊으면 안 돼.

---

must not(mustn't)+동사 = 절대 ~하면 안 된다

must 뒤에 **not**을 붙여 '**must not(mustn't)**'라고 만든 뒤

동사 앞에 붙여 말하면 '절대 ~하면 안 된다'라는 뜻이 돼요.

그럼 아래의 단어들로 '문 잠그는[열어두는] 걸 절대 잊지 말라'고 말해 볼까요?

forget = 잊다 / **lock** = 잠그다 / **unlock** = 열다

▼

주어	동사	목적어
You	**mustn't forget**	**to lock the door**
너는	절대 잊으면 안 된다	문을 잠그는 것을

▼

You mustn't forget **to lock the door.**

너는 문을 잠그는 것을 절대 잊으면 안 된다.

▼

너 문 잠그는 거 절대 잊으면 안 돼.

MP3_073

새로 배운 단어들의 발음을 듣고 소리 내어 말하며 몇 번씩 써 보세요.

| forget | 잊다, 까먹다 |

forget ▸ forget

| lock | (열쇠 등으로) 잠그다 |

lock ▸ lock

| unlock | (열쇠 등으로) 열다 |

unlock ▸ unlock

오늘의 문장 듣고 써 보기

MP3_074

오늘 만든 문장의 전체 발음을 듣고 소리 내어 말하며 스스로 써 보세요.

You mustn't forget to lock the door.

오늘은 'have to-동사'라는 표현을 활용하여
'(할 일을) 해야 한다'고 영어로 말해 봅시다.

I have to prepare a presentation.

나 발표 준비해야 돼.

prepare (준비하다) → have to prepare (준비해야 한다)

have to-동사 = (의무적으로) ~해야 한다

위 표현은 주로 '할 일, 주어진 일을 의무적으로 해야 한다'고 말할 때 잘 써요.

그럼 아래의 단어들로 '발표를[연설을] 준비해야 한다'고 말해 볼까요?

prepare = 준비하다 / presentation = 발표 / speech = 연설

▼

주어	동사	목적어
I 나는	**have to prepare** 준비해야 한다	**a presentation** 발표를

▼

I have to prepare **a presentation.**

나는 발표를 준비해야 한다.

▼

나 발표 준비해야 돼.

새로 배운 단어들의 발음을 듣고 소리 내어 말하며 몇 번씩 써 보세요.

| prepare | 준비하다 |

prepare ▸ prepare

| presentation | 발표 |

presentation ▸ presentation

| speech | 연설 |

speech ▸ speech

오늘의 문장 듣고 써 보기

MP3_076

오늘 만든 문장의 전체 발음을 듣고 소리 내어 말하며 스스로 써 보세요.

I have to prepare a presentation.

DAY 039

오늘은 'don't have to-동사'라는 표현을 써서
'~할 필요 없다'고 영어로 말해 봅시다.

You don't have to pay for the tickets.

너 표 값 낼 필요 없어.

---

don't have to-동사 = ~할 필요 없다

위 표현은 '어떤 일을 할 필요가 없다'고 말할 때 쓰며,

'~하면 안 된다'는 뜻이 아닌 것에 반드시 주의해야 해요.

그럼 아래의 단어들로 '표 값[계산서 요금]을 낼 필요 없다'고 말해 볼까요?

pay = (돈을) 지불하다 / **ticket** = 표 / **bill** = 계산서

▼

주어	동사	목적어
You	**don't have to pay**	**for the tickets**
너는	(돈을) 지불할 필요 없다	표들에 대한

▼

You <u>don't have to pay</u> for the tickets.

너는 표들에 대한 <u>(돈을) 지불할</u> 필요 없다.

▼

너 표 값 낼 필요 없어.

108

새로운 단어 듣고 써 보기

MP3_077

새로 배운 단어들의 발음을 듣고 소리 내어 말하며 몇 번씩 써 보세요.

| pay | (돈을) 지불하다 |

pay ▸ pay

| ticket | 표, 티켓 |

ticket ▸ ticket

| bill | 계산서, 청구서 |

bill ▸ bill

오늘의 문장 듣고 써 보기

MP3_078

오늘 만든 문장의 전체 발음을 듣고 소리 내어 말하며 스스로 써 보세요.

You don't have to pay for the tickets.

· DAY · 040

오늘의 쓰기 날짜   월   일

오늘은 'Do+주어+have to-동사?' 표현을 써서
'~가 ~해야 하나요?'라고 질문해 봅시다.

Do I have to show my passport?

제가 여권을 보여 드려야 하나요?

Do+주어+have to-동사? = ~가 ~해야 하나요?

'**have to**-동사' 표현을 써서 '~가 ~해야 하나요?'라고 물을 땐

조동사 **Do**를 문장 맨 앞에 붙여 말하면 돼요.

그럼 아래의 단어들로 '여권[신분증]을 보여 줘야 하나요?'라고 질문해 보세요.

show = 보여 주다 / **passport** = 여권 / **ID (identification)** = 신분증

▼

조동사	주어	동사	목적어
Do	I	have to show	my passport?
~하나요?	내가	보여 줘야 한다	나의 여권을

▼

Do I have to show my passport?

내가 나의 여권을 보여 줘야 하나요?

▼

제가 여권을 보여 드려야 하나요?

110

MP3_079

새로 배운 단어들의 발음을 듣고 소리 내어 말하며 몇 번씩 써 보세요.

show	보여 주다

show ▸ show

passport	여권

passport ▸ passport

ID (identification)	신분증

ID ▸ ID

MP3_080

오늘 만든 문장의 전체 발음을 듣고 소리 내어 말하며 스스로 써 보세요.

Do I have to show my passport?

CHAPTER 05

'~할지도 모른다'고 영어로 말하기

	오늘 써 볼 영어 문장
DAY 041	**I may travel abroad this year.** 나 올해 해외 여행 갈지도 몰라.
DAY 042	**You may be curious about the details.** 너 아마 자세한 내용이 궁금할 거야.
DAY 043	**She may be talking a nap upstairs.** 그녀는 아마 위층에서 자고 있을 거야.
DAY 044	**He may not agree with your decision.** 그는 네 결정에 동의하지 않을 수도 있어.
DAY 045	**This information may not be correct.** 이 정보는 정확하지 않을 수도 있어.
DAY 046	**May I have a glass of water, please?** 물 한잔 마실 수 있을까요?
DAY 047	**May I try on this outfit, please?** 이 옷 좀 입어 볼 수 있을까요?
DAY 048	**We might participate in the camp.** 우리 아마 캠프에 참가할 수도 있어.
DAY 049	**You might not notice the difference.** 넌 아마 차이점을 모를 수도 있어.
DAY 050	**I might have to cancel the reservation.** 나 예약을 취소해야 할 수도 있겠어.

학습 목표 & 주요 내용

- '~할지도 모른다'라는 뜻의 조동사 may 익히기
- 문장 주어+동사+부사+부사 단어 travel abroad, this year, next year

- 'may be 형용사/명사' 표현을 활용해 영어로 말하기
- 문장 주어+동사+보어+전치사구 단어 curious, detail, outcome

- 'may be 동사-ing' 표현을 활용해 영어로 말하기
- 문장 주어+동사+목적어+부사 단어 nap, upstairs, downstairs

- 'may not+동사'로 '~하지 않을지도 모른다'라고 말하기
- 문장 주어+동사+전치사구 단어 agree, decision, thought

- 'may not be 형용사/명사' 표현을 활용해 영어로 말하기
- 문장 주어+동사+보어 단어 information, correct, accurate

- 'May I 동사?' 표현으로 정중하게 요청하기 (1)
- 문장 조동사(May)+주어+동사+목적어+감탄사? 단어 glass, water, please

- 'May I 동사?' 표현으로 정중하게 요청하기 (2)
- 문장 조동사(May)+주어+동사+목적어+감탄사? 단어 try on, outfit, clothes

- 'might+동사'로 '~할지 모른다'라고 말하기
- 문장 주어+동사+전치사구 단어 participate, take part, camp

- 'might not+동사'로 '~하지 않을지도 모른다'고 말하기
- 문장 주어+동사+목적어 단어 notice, recognize, difference

- 'may[might] have to-동사'로 ~해야 할지도 모른다'고 말하기
- 문장 주어+동사+목적어 단어 cancel, reservation, appointment

오늘은 조동사 may를 동사 앞에 붙여서
'~할지도 모른다'라고 말하는 연습을 해 봅시다.

I may travel abroad this year.

나 올해 해외 여행 갈지도 몰라.

---

travel (여행을 가다) → may travel (여행을 갈지도 모른다)

may+동사 = ~할지도 모른다

위와 같이 동사 앞에 **may**를 붙여 말하면 '추측, 예상'하는 말투가 됩니다.

그럼 아래와 표현들로 '올해[내년에] 해외 여행을 갈지도 모른다'고 말해 볼까요?

abroad = 해외로 / **this year** = 올해 / **next year** = 내년(에)

▼

주어	동사	부사	부사
I	**may travel**	**abroad**	**this year**
나는	여행을 갈지도 모른다	해외로	올해

▼

I may travel abroad this year.

나는 올해 해외로 여행을 갈지도 모른다.

▼

나 올해 해외 여행 갈지도 몰라.

MP3_081

새로 배운 단어들의 발음을 듣고 소리 내어 말하며 몇 번씩 써 보세요.

travel abroad	해외 여행을 하다[가다]

travel abroad ▸ travel abroad

this year	올해

this year ▸ this year

next year	내년(에)

next year ▸ next year

오늘의 문장 듣고 써 보기

MP3_082

오늘 만든 문장의 전체 발음을 듣고 소리 내어 말하며 스스로 써 보세요.

I may travel abroad this year.

오늘은 'may be 형용사/명사'라는 표현을 써서
'~일지도 모른다, ~일수도 있다'고 말해 봅시다.

You may be curious about the details.

너 아마 자세한 내용이 궁금할 거야.

be동사(am, are, is)+형용사/명사 = ~이다

may be 형용사/명사 = ~일지도 모른다

조동사 뒤에 **be**동사가 올 땐 항상 'be'라는 형태로 온다는 걸 기억하세요.

그럼 아래의 단어들로 '세부사항이[결과가] 궁금할지도 모른다'고 말해 볼까요?

curious = 궁금한 / **detail** = 세부사항 / **outcome** = 결과

▼

주어	동사	보어	전치사구
You	**may be**	**curious**	**about the details**
너는	~일지도 모른다	궁금한 (상태)	세부사항들에 대해

▼

You <u>may be</u> curious about the details.

너는 세부사항들에 대해 <u>궁금한 (상태)</u><u>일지도 모른다.</u>

▼

너 아마 자세한 내용이 궁금할 거야.

새로 배운 단어들의 발음을 듣고 소리 내어 말하며 몇 번씩 써 보세요.

curious	궁금한, 호기심이 많은

curious ▸ curious

detail	세부사항

detail ▸ detail

outcome	결과

outcome ▸ outcome

오늘의 문장 듣고 써 보기

MP3_084

오늘 만든 문장의 전체 발음을 듣고 소리 내어 말하며 스스로 써 보세요.

You may be curious about the details.

· DAY · 043

오늘의 쓰기 날짜   월   일

오늘은 '현재진행시제(be+동사-ing)' 앞에 may를 붙여서 '~하고 있을지도 모른다'고 말해 봅시다.

She may be taking
a nap upstairs.

그녀는 아마 위층에서 자고 있을 거야.

---

may be 동사-ing = ~하고 있을지도 모른다

'현재진행시제' 앞에 **may**를 붙여 말하면 '~하고 있을지도 모른다'는 뜻이 돼요.

그럼 아래의 표현들로 '~에서 낮잠 자는 중일지도 모른다'고 말해 볼까요?

take = (어떠한 상태를) 취하다 / **nap** = 낮잠

upstairs(downstairs) = 위층에서(아래층에서)

▼

주어	동사	목적어	부사
She	**may be taking**	**a nap**	**upstairs**
그녀는	취하고 있을지도 모른다	낮잠을	위층에서

▼

She may be taking a nap upstairs.

그녀는 위층에서 낮잠을 취하고 있을지도 모른다.

▼

그녀는 아마 위층에서 자고 있을 거야.

MP3_085

새로 배운 단어들의 발음을 듣고 소리 내어 말하며 몇 번씩 써 보세요.

nap	낮잠

nap ▸ nap

upstairs	위층에서

upstairs ▸ upstairs

downstairs	아래층에서

downstairs ▸ downstairs

오늘의 문장 **듣고 써 보기**

MP3_086

오늘 만든 문장의 전체 발음을 듣고 소리 내어 말하며 스스로 써 보세요.

She may be taking a nap upstairs.

DAY 044

오늘의 쓰기 날짜   월   일

오늘은 'may not+동사'라는 표현을 활용하여
'~하지 않을지도 모른다'고 말해 봅시다.

He may not agree with your decision.

그는 네 결정에 동의하지 않을 수도 있어.

may not+동사 = ~하지 않을지도 모른다

may 뒤에 **not**을 붙여 '**may not**'이라고 만든 후

동사 앞에 붙여 말하면 '~하지 않을지도 모른다'는 뜻이 돼요.

그럼 아래의 단어들로 '~에 동의하지 않을지도 모른다'고 말해 볼까요?

agree = 동의하다 / **decision** = 결정 / **thought** = 생각

▼

주어	동사	전치사구
He 그는	**may not agree** 동의하지 않을지도 모른다	**with your decision** 너의 결정에

▼

He <u>may not agree</u> with your decision.

그는 너의 결정에 <u>동의하지 않을지도 모른다</u>.

▼

그는 네 결정에 동의하지 않을 수도 있어.

120

MP3_087

새로 배운 단어들의 발음을 듣고 소리 내어 말하며 몇 번씩 써 보세요.

agree	동의하다

agree ▸ agree

decision	결정

decision ▸ decision

thought	생각

thought ▸ thought

오늘의 문장 듣고 써 보기

MP3_088

오늘 만든 문장의 전체 발음을 듣고 소리 내어 말하며 스스로 써 보세요.

He may not agree with your decision.

DAY 045

오늘의 쓰기 날짜   월   일

오늘은 'may not be 형용사/명사' 표현을 써서
'~이지 않을지도 모른다'고 말해 봅시다.

This information may not be correct.

이 정보는 정확하지 않을 수도 있어.

---

may not be 형용사/명사 = ~이[가] 아닐지도 모른다

앞서 배운 '**may be** 형용사/명사 = ~일지도 모른다'라는 표현에

not을 넣어 말하며 '~이[가] 아닐지도 모른다'는 반대의 뜻이 돼요.

그럼 아래의 단어들로 '정보가 정확한 게 아닐지도 모른다'고 말해 볼까요?

information = 정보 / **correct** (또는 **accurate**) = 정확한

▼

주어	동사	보어
This information	**may not be**	**correct**
이 정보는	~이[가] 아닐지도 모른다	정확한 (상태)

▼

This information may not be correct.

이 정보는 정확한 (상태)가 아닐지도 모른다.

▼

이 정보는 정확하지 않을 수도 있어.

MP3_089

새로 배운 단어들의 발음을 듣고 소리 내어 말하며 몇 번씩 써 보세요.

| information | 정보 |

information ▸ information

| correct | 맞는, 정확한 |

correct ▸ correct

| accurate | 정확한; 정밀한 |

accurate ▸ accurate

오늘의 문장 듣고 써 보기

MP3_090

오늘 만든 문장의 전체 발음을 듣고 소리 내어 말하며 스스로 써 보세요.

This information may not be correct.

오늘의 쓰기 날짜   월   일

오늘은 'May I 동사?'라는 문형을 활용해
'제가 ~해도 될까요?'라고 정중하게 말해 봅시다.

May I have
a glass of water, please?

물 한잔 마실 수 있을까요?

May I 동사 (**please**)? = (부디) 제가 ~해도 될까요?

may를 문장 맨 앞에 놓고 'May I ~?'라는 의문문을 만들게 되면

'제가 ~해도 될까요?'라고 정중하게 허락을 구하는 표현이 돼요.

그럼 아래의 단어들로 상대방에게 물 한잔 마셔도 되는지 물어보세요.

have = 먹다, 마시다 / **glass** =(유리)잔 / **water** = 물

▼

조동사	주어	동사	목적어	감탄사
May	I	have	a glass of water	please?
~해도 될까요?	제가	마시다	물 한잔을	부디

▼

May I have a glass of water, please?

부디 제가 물 한잔을 마셔도 될까요?

▼

물 한잔 마실 수 있을까요?

MP3_091

새로 배운 단어들의 발음을 듣고 소리 내어 말하며 몇 번씩 써 보세요.

| glass | (유리)잔 |

glass ▸ glass

| water | 물 |

water ▸ water

| please | 부디 (정중함을 더하는 감탄사) |

please ▸ please

오늘의 문장 **듣고 써 보기**

MP3_092

오늘 만든 문장의 전체 발음을 듣고 소리 내어 말하며 스스로 써 보세요.

May I have a glass of water, please?

오늘의 쓰기 날짜   월   일

오늘은 전 시간에 배웠던 'May I 동사?'라는
표현으로 '~을 입어 봐도 될까요?'라고 말해 봅시다.

May I try on
this outfit, please?

이 옷 좀 입어 볼 수 있을까요?

May I 동사 (**please**)? = (부디) 제가 ~해도 될까요?

오늘은 전 시간에 배웠던 '**May I ~?**'라는 표현과

아래의 단어들로 '이 옷을 입어 봐도 될까요?'라고

옷 가게 점원에게 정중하게 허락을 구하는 말을 해 보세요.

try on = (시험 삼아) 입어 보다 / **outfit** (또는 **clothes**) = 옷

▼

조동사	주어	동사	목적어	감탄사
May	I	try on	this outfit	please?
~해도 될까요?	제가	입어 보다	이 옷을	부디

▼

May I try on this outfit, please?

부디 제가 이 옷을 입어 봐도 될까요?

▼

이 옷 좀 입어 볼 수 있을까요?

MP3_093

새로 배운 단어들의 발음을 듣고 소리 내어 말하며 몇 번씩 써 보세요.

| try on | (시험 삼아) 입어 보다 |

try on ▸ try on

| outfit | 옷, 의복 |

outfit ▸ outfit

| clothes | 옷, 의복 |

clothes ▸ clothes

MP3_094

오늘 만든 문장의 전체 발음을 듣고 소리 내어 말하며 스스로 써 보세요.

May I try on this outfit, please?

오늘은 'might+동사'라는 표현을 활용하여
'~할지도 모른다'고 영어로 말해 봅시다.

We might participate in the camp.

우리 아마 캠프에 참가할 수도 있어.

---

might+동사 = ~할지도 모른다

might 역시 **may**와 같은 역할을 하는 조동사인데

might이 '좀 더 약하게 추측[예상]하는 말투'라 보면 돼요.

그럼 아래의 표현들로 '캠프에 참가할지도 모른다'고 말해 볼까요?

participate (또는 **take part**) = 참가하다 / **camp** = 캠프

▼

주어	동사	전치사구
We 우리는	**might participate** 참가할지도 모른다	**in the camp** 캠프에

▼

We <u>might participate</u> in the camp.

우리는 캠프에 <u>참가할지도 모른다</u>.

▼

우리 아마 캠프에 참가할 수도 있어.

MP3_095

새로 배운 단어들의 발음을 듣고 소리 내어 말하며 몇 번씩 써 보세요.

| participate | 참가[참여]하다 |

participate ▸ participate

| take part | 참가[참여]하다 |

take part ▸ take part

| camp | 캠프 |

camp ▸ camp

MP3_096

오늘 만든 문장의 전체 발음을 듣고 소리 내어 말하며 스스로 써 보세요.

We might participate in the camp.

오늘은 'might not+동사'라는 표현을 활용해
'~하지 않을지도 모른다'라고 말해 봅시다.

You might not notice the difference.

넌 아마 차이점을 모를 수도 있어.

might not+동사 = ~하지 않을지도 모른다

might 역시 뒤에 **not**을 붙여 '**might not**'이라고 만든 뒤

동사 앞에 붙여 말하면 '~하지 않을지도 모른다'라는 뜻이 돼요.

그럼 아래의 단어들로 '넌 차이점을 알지 못할 수도 있다'고 말해 볼까요?

notice = 의식하다, 알다 / **recognize** = 알아보다 / **difference** = 차이(점)

▼

주어	동사	전치사구
You 너는	**might not notice** 알지 않을지도 모른다	**the difference** 차이점을

▼

You <u>might not notice</u> **the difference.**

너는 차이점을 <u>알지 않을지도 모른다</u>.

▼

넌 아마 차이점을 모를 수도 있어.

새로운 단어 듣고 써 보기

MP3_097

새로 배운 단어들의 발음을 듣고 소리 내어 말하며 몇 번씩 써 보세요.

notice	의식하다, 알다

notice ▸ notice

recognize	알아보다

recognize ▸ recognize

difference	차이(점)

difference ▸ difference

오늘의 문장 듣고 써 보기

MP3_098

오늘 만든 문장의 전체 발음을 듣고 소리 내어 말하며 스스로 써 보세요.

You might not notice the difference.

오늘은 'may[might] have to-동사'라는 표현으로
'~해야 할지도 모른다'라고 말해 봅시다.

I might have to cancel the reservation.

나 예약을 취소해야 할 수도 있겠어.

may[might] have to-동사 = ~해야 할지도 모른다

may나 **might** 뒤에 '**have to**-동사 = ~해야 한다'를

붙여 말하면 '~해야 할지도 모른다'라는 뜻으로 해석돼요.

그럼 아래의 단어들로 '예약[약속]을 취소해야 할지도 모른다'고 말해 볼까요?

cancel = 취소하다 / **reservation** = 예약 / **appointment** = 약속

▼

주어	동사	목적어
I	might have to cancel	the reservation
나는	취소해야 할지도 모른다	예약을

▼

I <u>might have to cancel</u> the reservation.

나는 예약을 <u>취소해야 할지도 모른다</u>.

▼

나 예약을 취소해야 할 수도 있겠어.

MP3_099

새로 배운 단어들의 발음을 듣고 소리 내어 말하며 몇 번씩 써 보세요.

| cancel | 취소하다 |

cancel ▸ cancel

| reservation | 예약 |

reservation ▸ reservation

| appointment | 약속 |

appointment ▸ appointment

오늘의 문장 **듣고 써 보기**

MP3_100

오늘 만든 문장의 전체 발음을 듣고 소리 내어 말하며 스스로 써 보세요.

I might have to cancel the reservation.

CHAPTER 06

'더 ~한, 가장 ~한'이라고 영어로 말하기

학습 목표 & 주요 내용

- '형용사-er'로 비교급 표현 말하기
- 문장 주어+be동사+보어+전치사구   단어 quick, quicker, than

- '단모음+단자음'으로 끝나는 형용사를 비교급으로 만들기
- 문장 주어+be동사+보어+전치사구   단어 hot, desert, forest

- y로 끝나는 형용사를 비교급으로 만들기
- 문장 주어+be동사+보어+전치사구   단어 heavy, box, other

- 3음절 이상의 긴 형용사를 비교급으로 만들기
- 문장 주어+be동사+보어+전치사구   단어 talented, anyone, else

- 'the 형용사-est'로 최상급 표현 만들기
- 문장 주어+be동사+보어+전치사구   단어 tall, the tallest, player

- 3음절 이상의 긴 형용사를 최상급으로 만들기
- 문장 주어+be동사+보어+전치사구   단어 popular, girl, boy

- 'one of+최상급 형용사+복수명사' 표현을 활용해 말하기
- 문장 주어+be동사+보어   단어 romantic, Paris, city

- 비교급/최상급 형태가 불규칙한 형용사/부사로 말하기 (1)
- 문장 주어+동사+부사+전치사구   단어 good, better, the best

- 비교급/최상급 형태가 불규칙한 형용사/부사로 말하기 (2)
- 문장 주어+동사+부사+전치사구   단어 bad, worse, the worst

- 최상급 형용사를 '명사'처럼 사용해서 말하기
- 문장 주어+be동사+보어+전치사구   단어 old, the eldest, children

오늘은 '형용사-er'이라는 비교급 표현으로
'더 ~한'이라고 영어로 말해 봅시다.

The train is quicker than the bus.

기차가 버스보다 더 빨라.

quick (빠른) → quicker (더 빠른)

형용사-er = 더 ~한

형용사에 '-er'을 붙이면 '더 ~한'이라는 뜻의 '비교급' 표현이 돼요.

그럼 이번 시간엔 '기차가 버스보다 더 빠르다'고 말해 볼까요?

train = 기차 / bus = 버스 / than =~보다

▼

주어	be동사	보어	전치사구
The train	**is**	quicker	**than the bus**
기차는	~이다	더 빠른	버스보다

▼

The train is quicker **than the bus.**

기차는 버스보다 더 빠르다.

▼

기차가 버스보다 더 빨라.

136

MP3_101

새로 배운 단어들의 발음을 듣고 소리 내어 말하며 몇 번씩 써 보세요.

| quick | 빠른, 신속한 |

quick ▶ quick

| quicker | 더 빠른, 더 신속한 |

quicker ▶ quicker

| than | ~보다 |

than ▶ than

MP3_102

오늘 만든 문장의 전체 발음을 듣고 소리 내어 말하며 스스로 써 보세요.

The train is quicker than the bus.

오늘은 '단모음+단자음'으로 끝나는 형용사를
비교급 표현으로 만드는 법을 배워 봅시다.

The desert is hotter than the forest.

사막이 숲보다 더 더워.

hot (더운) = hot**ter** (더 더운)

hot과 같이 '단모음(o)+단자음(t)'으로 끝나는 형용사는

마지막 철자를 한 번 더 쓴 다음 '-er'을 붙여서 비교급 표현으로 만들어요.

그럼 이번 시간엔 '사막이 숲보다 더 덥다'고 말해 볼까요?

desert = 사막 / forest = 숲

▼

주어	be동사	보어	전치사구
The desert	**is**	hotter	**than the forest**
사막은	~이다	더 더운	숲보다

▼

The desert is hotter **than the forest.**

사막은 숲보다 더 덥다.

▼

사막이 숲보다 더 더워.

새로운 단어 듣고 써 보기

MP3_103

새로 배운 단어들의 발음을 듣고 소리 내어 말하며 몇 번씩 써 보세요.

hot	뜨거운, 더운

hot ▸ hot

desert	사막

desert ▸ desert

forest	숲

forest ▸ forest

오늘의 문장 듣고 써 보기

MP3_104

오늘 만든 문장의 전체 발음을 듣고 소리 내어 말하며 스스로 써 보세요.

The desert is hotter than the forest.

오늘의 쓰기 날짜　　월　　일

오늘은 마지막 철자가 y로 끝나는 형용사를
비교급 표현으로 만드는 법을 배워 봅시다.

This box is heavier than the other one.

이 박스가 다른 박스보다 더 무거워.

---

heavy (더운) = **heav**ier (더 더운)

heavy와 같이 마지막 철자가 **y**로 끝나는 형용사는

y를 **i**로 바꾼 다음에 '**-er**'을 붙여서 비교급 표현으로 만들어요.

그럼 이번 시간엔 '이 박스가 다른 박스보다 더 무겁다'고 말해 볼까요?

box = 박스, 상자 / **other** = 다른 / **one** = (앞서 언급됐던) 것

▼

주어	be동사	보어	전치사구
This box	**is**	heavier	**than the other one**
이 박스는	~이다	더 무거운	다른 것[박스]보다

▼

This box is heavier **than the other one.**

이 박스는 다른 것[박스]보다 더 무겁다.

▼

이 박스가 다른 박스보다 더 무거워.

새로운 단어 듣고 써 보기

새로 배운 단어들의 발음을 듣고 소리 내어 말하며 몇 번씩 써 보세요.

heavy	무거운

heavy ▸ heavy

box	박스, 상자

box ▸ box

other	다른

other ▸ other

오늘의 문장 듣고 써 보기

오늘 만든 문장의 전체 발음을 듣고 소리 내어 말하며 스스로 써 보세요.

This box is heavier than the other one.

오늘은 길이가 긴 형용사 앞에 more을 붙여서
비교급 표현으로 만드는 법을 배워 봅시다.

He is more talented than anyone else.

그는 다른 누구보다도 더 재능 있어.

talented (재능 있는) → more talented (더 재능 있는)

more+형용사 = 더 ~한

길이가 긴(3음절 이상) 형용사는 앞에 **more**을 붙여서 비교급으로 만들어요.

그럼 이번 시간엔 '그가 다른 누구보다도 더 재능 있다'고 말해 볼까요?

anyone = (그) 누구, 아무 / **else** = (또) 다른

▼

주어	be동사	보어	전치사구
He	**is**	**more talented**	**than anyone else**
그는	~이다	더 재능 있는	다른 누구보다

▼

He is <u>more talented</u> **than anyone else.**

그는 다른 누구보다 <u>더 재능 있</u>다.

▼

그는 다른 누구보다도 더 재능 있어.

새로 배운 단어들의 발음을 듣고 소리 내어 말하며 몇 번씩 써 보세요.

talented	재능 있는

talented ▸ talented

anyone	(그) 누구, 아무

anyone ▸ anyone

else	(또) 다른

else ▸ else

오늘의 문장 듣고 써 보기

MP3_108

오늘 만든 문장의 전체 발음을 듣고 소리 내어 말하며 스스로 써 보세요.

He is more talented than anyone else.

오늘의 쓰기 날짜   월   일

오늘은 형용사 앞뒤에 'the, -est'를 붙여서
'가장 ~한'이라는 최상급 표현을 만들어 봅시다.

She is the tallest player in the team.

그녀가 팀에서 가장 키 큰 선수야.

tall (키가 큰) → the tallest (가장 키가 큰)

the 형용사-est = 가장 ~한

형용사 앞뒤에 'the, -er'을 붙이면 '가장 ~한'이라는 뜻의 '최상급' 표현이 돼요.

그럼 이번 시간엔 '그녀가 팀에서 가장 키가 큰 선수다'라고 말해 볼까요?

player = 선수 / team = 팀

▼

주어	be동사	보어	전치사구
She	**is**	the tallest player	**in the team**
그녀는	~이다	가장 키가 큰 선수	팀에서

▼

She is <u>the tallest player</u> in the team.

그녀는 팀에서 가장 키가 큰 선수이다.

▼

그녀가 팀에서 가장 키 큰 선수야.

MP3_109

새로 배운 단어들의 발음을 듣고 소리 내어 말하며 몇 번씩 써 보세요.

| tall | 키가 큰 |

tall ▸ tall

| the tallest | 가장 키가 큰 |

the tallest ▸ the tallest

| player | 선수 |

player ▸ player

MP3_110

오늘 만든 문장의 전체 발음을 듣고 소리 내어 말하며 스스로 써 보세요.

She is the tallest player in the team.

DAY 056

오늘의 쓰기 날짜   월   일

오늘은 길이가 긴 형용사 앞에 'the most'를 붙여서
최상급 표현으로 만드는 법을 배워 봅시다.

Kai is the most popular girl in school.

카이는 학교에서 가장 인기 많은 여자애야.

popular (인기 있는) → the most popular (가장 인기 있는)

the most+형용사 = 가장 ~한

길이가 긴(3음절 이상) 형용사는 앞에 **the most**를 붙여서 최상급으로 만들어요.

그럼 이번 시간엔 '가장 인기 있는 여자[남자]아이'라고 말해 볼까요?

girl = 여자아이 / **boy** = 남자아이

▼

주어	be동사	보어	전치사구
Kai	**is**	**the most popular girl**	**in school**
카이는	~이다	가장 인기 있는 여자아이	학교에서

▼

Kai is <u>the most popular</u> **girl in school.**

카이는 학교에서 <u>가장 인기 있는</u> 여자아이이다.

▼

카이는 학교에서 가장 인기 많은 여자애야.

146

새로운 단어 듣고 써 보기

새로 배운 단어들의 발음을 듣고 소리 내어 말하며 몇 번씩 써 보세요.

popular	인기 있는

popular ▸ popular

girl	여자아이

girl ▸ girl

boy	남자아이

boy ▸ boy

오늘의 문장 듣고 써 보기

오늘 만든 문장의 전체 발음을 듣고 소리 내어 말하며 스스로 써 보세요.

Kai is the most popular girl in school.

오늘은 'one of+최상급 형용사+복수명사'로
'가장 ~한 ~들 중 하나'라고 말해 봅시다.

Paris is one of the most romantic cities.

파리는 가장 낭만적인 도시 중 하나야.

one of+최상급 형용사+복수명사 = 가장 ~한 ~들 중 하나

평소에 '이건 가장 ~한 것들 중 하나야'라는 말 많이 하죠?

그럼 위 표현과 아래의 단어들을 활용하여

'파리는 가장 낭만적인 도시들 중 하나이다'라고 말해 볼까요?

romantic = 낭만적인 / Paris = 파리 / city = 도시

▼

주어	be동사	보어
Paris 파리는	**is** ~이다	**one of** the most romantic cities 가장 낭만적인 도시들 중 하나

▼

Paris is one of the most romantic cities.

파리는 가장 낭만적인 도시들 중 하나이다.

▼

파리는 가장 낭만적인 도시 중 하나야.

새로 배운 단어들의 발음을 듣고 소리 내어 말하며 몇 번씩 써 보세요.

| romantic | 낭만적인 |

romantic ▸ romantic

| Paris | 파리 |

paris ▸ paris

| city | 도시 |

city ▸ city

오늘의 문장 듣고 써 보기

MP3_114

오늘 만든 문장의 전체 발음을 듣고 소리 내어 말하며 스스로 써 보세요.

Paris is one of the most romantic cities.

오늘은 형용사와 부사 중 '비교급/최상급' 형태가
불규칙한 형태인 경우를 배워 봅시다.

I'm feeling better than yesterday.

나 어제보다 컨디션이 더 좋아.

---

good (좋은)

→ [비교급] better / [최상급] the best

(*good, better, the best는 '부사'로도 쓰일 수 있어요.)

형용사/부사 중엔 위와 같이 '비교급/최상급'이 불규칙 형태인 것도 있어요.

그럼 이번 시간엔 '어제보다 (컨디션이) 더 좋게 느껴진다'고 말해 볼까요?

▼

주어	동사	부사	전치사구
I	**am feeling**	**better**	**than yesterday**
나는	느껴지고 있다	(컨디션이) 더 좋게	어제보다

▼

I'm feeling better than yesterday.

나는 어제보다 (컨디션이) 더 좋게 느껴지고 있다.

▼

나 어제보다 컨디션이 더 좋아.

MP3_115

새로 배운 단어들의 발음을 듣고 소리 내어 말하며 몇 번씩 써 보세요.

good	좋은

good ▸ good

better	더 좋은; 더 좋게

better ▸ better

the best	가장 좋은; 가장 좋게

the best ▸ the best

오늘의 문장 듣고 써 보기

MP3_116

오늘 만든 문장의 전체 발음을 듣고 소리 내어 말하며 스스로 써 보세요.

I'm feeling better than yesterday.

오늘은 전 시간에 이어 '비교급/최상급' 형태가
불규칙한 형용사/부사를 활용해 말해 봅시다

Glen sings worse than anyone else.

글렌은 다른 누구보다도 노래를 더 못 불러.

---

bad (나쁜, 못하는)

→ [비교급] worse / [최상급] the worst

(*bad, worse, the worst는 '부사'로도 쓰일 수 있어요.)

bad 또한 앞서 배운 **good**과 같이 '비교급/최상급'이 불규칙한 형태예요.

그럼 이번 시간엔 '다른 누구보다도 더 형편없이 노래한다'고 말해 볼까요?

▼

주어	동사	부사	전치사구
Glen	sings	worse	**than anyone else**
글렌은	노래한다	더 못하게	다른 누구보다

▼

Glen sings worse **than anyone else.**

글렌은 다른 누구보다 더 못하게 노래한다.

▼

글렌은 다른 누구보다도 노래를 더 못 불러.

MP3_117

새로 배운 단어들의 발음을 듣고 소리 내어 말하며 몇 번씩 써 보세요.

bad	나쁜; 못하는

bad ▸ bad

worse	더 나쁜; 더 못하게

worse ▸ worse

the worst	가장 나쁜, 가장 못하게

the worst ▸ the worst

오늘의 문장 듣고 써 보기

MP3_118

오늘 만든 문장의 전체 발음을 듣고 소리 내어 말하며 스스로 써 보세요.

Glen sings worse than anyone else.

153

오늘도 최상급 형태가 불규칙한 형용사 old로
'가장 나이 든, 맏이[첫째]'라고 말해 봅시다.

He is the eldest
of four children.

그는 아이들 네 명 중 맏이야.

---

old (나이 든)

→ [최상급] **the eldest** = 가장 나이 든; 맏이[첫째]

형용사의 최상급은 위와 같이 '명사(맏이[첫째])'로도 사용 가능해요.

그럼 이번 시간엔 '그는 아이들 네 명 중 맏이[첫째]이다'라고 말해 볼까요?

four = 4, 넷 / **children** = 아이들; 자녀들

▼

주어	be동사	보어	전치사구
He	**is**	**the eldest**	**of four children**
그는	~이다	맏이	네 명의 아이들 중

▼

He is <u>the eldest</u> **of four children.**

그는 네 명의 아이들 중 <u>맏이</u>이다.

▼

그는 아이들 네 명 중 맏이야.

MP3_119

새로 배운 단어들의 발음을 듣고 소리 내어 말하며 몇 번씩 써 보세요.

| old | 나이 든 |

old ▶ old

| the eldest | 가장 나이 든; 맏이, 첫째 |

the eldest ▶ the eldest

| children | 아이들; 자녀들 |

children ▶ children

오늘의 문장 듣고 써 보기

MP3_120

오늘 만든 문장의 전체 발음을 듣고 소리 내어 말하며 스스로 써 보세요.

He is the eldest of four children.

CHAPTER 07

'~해지다, ~하게 되다'라고 영어로 말하기

학습 목표 & 주요 내용

- 'be동사+p.p'라는 수동태 표현 익히기 (1)
  - 문장 주어+동사+전치사구 단어 close, market, Christmas

- 'be동사+p.p.'라는 수동태 표현 익히기 (2)
  - 문장 주어+동사+전치사구 단어 make, statue, bronze

- 수동태 표현을 '과거시제'로 말하기
  - 문장 주어+동사+부사구 단어 take, picture, ago

- 수동태 표현에 'by+명사'를 덧붙여 말하기
  - 문장 주어+동사+전치사구 단어 write, by, novel

- 수동태 표현을 '부정형(be동사+not+p.p.)'으로 말하기
  - 문장 주어+동사+부사 단어 do, laundry, yet

- 수동태 부정 표현을 '과거시제'로 말하기
  - 문장 주어+동사+전치사구 단어 send, right, address

- 수동태 표현을 '미래시제'로 말하기
  - 문장 주어+동사+전치사구 단어 build, bridge, over

- 수동태 부정 표현을 '미래시제'로 말하기
  - 문장 주어+동사+부사구 단어 hold, festival, concert

- 수동태 표현을 활용해 '감정[상태]'를 묘사하기 (1)
  - 문장 주어+동사+전치사구 단어 bore, same, routine

- 수동태 표현을 활용해 '감정[상태]'를 묘사하기 (2)
  - 문장 주어+동사+전치사구 단어 scare, thunder, lightning

오늘의 쓰기 날짜   월   일

오늘은 영어 동사의 형태 중 '과거분사형(p.p.)'을
활용해 '~해지다, ~하게 되다'라고 말해 봅시다.

The market is closed on Christmas.

시장은 크리스마스에 문을 닫아요.

close (닫다) → 과거형: closed / 과거분사형(p.p.): closed

영어 동사엔 위와 같이 '과거분사형(p.p.)'이란 것이 있는데

이 과거분사형 앞에 be동사를 붙이면 아래와 같은 표현이 됩니다.

be동사+p.p. = ~해지다, ~하게 되다

close (닫다) → be closed (닫히다)

▼

주어	동사	전치사구
The market	**is closed**	**on Christmas**
시장은	(문이) 닫힌다	크리스마스에

▼

The market is closed on Christmas.

시장은 크리스마스에 (문이) 닫힌다.

▼

시장은 크리스마스에 문을 닫아요.

새로운 단어 듣고 써 보기

MP3_121

새로 배운 단어들의 발음을 듣고 소리 내어 말하며 몇 번씩 써 보세요.

close (closed-closed)	닫다

close ▸ close

market	시장

market ▸ market

Christmas	크리스마스

Christmas ▸ Christmas

오늘의 문장 듣고 써 보기

MP3_122

오늘 만든 문장의 전체 발음을 듣고 소리 내어 말하며 스스로 써 보세요.

The market is closed on Christmas.

오늘의 쓰기 날짜   월   일

오늘은 전 시간에 이어 'be동사+p.p.'라는
수동태 표현을 활용해 말하는 연습을 해 봅시다.

The statue is made of bronze.

이 조각상은 청동으로 만든 거야.

be동사+p.p. = ~해지다, ~하게 되다

위 표현은 '어떠한 행위를 수동적으로 당한 느낌'이기 때문에
'수동태' 표현이라고 불러요. 그럼 아래의 단어들로
'조각상이 청동으로 만들어졌다'고 말해 볼까요?

make = 만들다 ([p.p.] made) / statue = 조각상 / bronze = 청동

▼

주어	동사	전치사구
This statue	**is made**	**of bronze**
이 조각상은	만들어졌다	청동으로

▼

This statue is made of bronze.

이 조각상은 청동으로 만들어졌다.

▼

이 조각상은 청동으로 만든 거야.

MP3_123

새로 배운 단어들의 발음을 듣고 소리 내어 말하며 몇 번씩 써 보세요.

| make (made-made) | 만들다 |

make ▸ make

| statue | 조각상 |

statue ▸ statue

| bronze | 청동 |

bronze ▸ bronze

오늘의 문장 듣고 써 보기

MP3_124

오늘 만든 문장의 전체 발음을 듣고 소리 내어 말하며 스스로 써 보세요.

This statue is made of bronze.

DAY 063

오늘의 쓰기 날짜   월   일

오늘은 'was/were+p.p.'라는 수동태 표현으로
'~해졌다, ~하게 됐다'라고 말해 봅시다.

This picture was taken two years ago.

이 사진은 2년 전에 찍은 거야.

---

was/were+p.p. = ~해졌다, ~하게 됐다

수동태 표현에서 **be동사**의 '과거형**(was/were)**'을 넣어 말하면
'(과거에) ~해졌다, ~하게 됐다'라는 뜻이 돼요.
그럼 아래의 단어들로 '2년 전에 사진이 찍혔다'고 말해 볼까요?

take = 찍다 (**[p.p.] taken**) / **picture** = 사진 / **ago** = ~전에

▼

주어	동사	부사구
This picture	**was taken**	**two years ago**
이 사진은	찍혔다	2년 전에

▼

This picture <u>was taken</u> two years ago.

이 사진은 2년 전에 <u>찍혔다</u>.

▼

이 사진은 2년 전에 찍은 거야.

162

새로운 단어 듣고 써 보기

새로 배운 단어들의 발음을 듣고 소리 내어 말하며 몇 번씩 써 보세요. MP3_125

take (took-taken)	(사진을) 찍다

take ▸ take

picture	사진

picture ▸ picture

ago	~전에

ago ▸ ago

오늘의 문장 듣고 써 보기

오늘 만든 문장의 전체 발음을 듣고 소리 내어 말하며 스스로 써 보세요. MP3_126

This picture was taken two years ago.

오늘의 쓰기 날짜   월   일

오늘은 'by+명사'라는 표현을 활용하여
'~에 의해 ~해지다[하게 되다]'라고 말해 봅시다.

This novel was written by J.K. Rowling.

이 소설은 J.K. 롤링이 쓴 거야.

by+명사 = ~에 의해

위 표현은 수동태 표현과 정말 잘 쓰이는 표현이에요.

수동태라는 표현 자체가 어떤 행위를 '누군가에게 당한 느낌'이니까요.

그럼 아래의 단어들로 '~에 의해 소설이 쓰였다'고 말해 볼까요?

write = 쓰다 ([p.p.] **written**) / **novel** = 소설

▼

주어	동사	전치사구
This novel 이 소설은	**was written** 쓰였다	**by J.K. Rowling** J.K. 롤링에 의해

▼

This novel was written by J.K. Rowling.

이 소설은 J.K. 롤링에 의해 쓰였다.

▼

이 소설은 **J.K.** 롤링이 쓴 거야.

새로운 단어 듣고 써 보기

새로 배운 단어들의 발음을 듣고 소리 내어 말하며 몇 번씩 써 보세요.

| write (wrote-written) | 쓰다 |

write ▸ write

| by | ~에 의해 |

by ▸ by

| novel | 소설 |

novel ▸ novel

오늘의 문장 듣고 써 보기

MP3_128

오늘 만든 문장의 전체 발음을 듣고 소리 내어 말하며 스스로 써 보세요.

This novel was written by J.K. Rowling.

오늘은 'be동사+not+p.p.'라는 표현을 활용해
'~해지지 않았다[하게 되지 않았다]'고 말해 봅시다.

The laundry
is not done yet.

빨래가 아직 다 안 됐어.

be동사+not+p.p. = ~해지지 않았다, ~하게 되지 않았다

수동태 표현에 **not**을 넣어 말하면

위와 같은 부정 표현이 돼요. 그럼 아래의 단어들을 활용해

'빨래가 아직 완료되지 않았다'고 말해 볼까요?

do = 하다; 완료하다 ([p.p.] done) / **laundry** = 빨래 / **yet** = 아직

▼

주어	동사	부사
The laundry	is not done	**yet**
빨래가	완료되지 않았다	아직

▼

The laundry is not done **yet**.

빨래가 아직 완료되지 않았다.

▼

빨래가 아직 다 안 됐어.

MP3_129

새로 배운 단어들의 발음을 듣고 소리 내어 말하며 몇 번씩 써 보세요.

do (did-done)	하다; 완료하다[마치다]

do ▸ do

laundry	빨래

laundry ▸ laundry

yet	아직

yet ▸ yet

오늘의 문장 듣고 써 보기

MP3_130

오늘 만든 문장의 전체 발음을 듣고 소리 내어 말하며 스스로 써 보세요.

The laundry is not done yet.

167

오늘의 쓰기 날짜　　월　　일

오늘은 전 시간에 배운 수동태 부정 표현을
'과거시제'로 말하는 연습을 해 봅시다.

It was not sent to the right address.

그거 맞는 주소로 가지 않았어.

be동사+not+p.p. = ~해지지 않았다, ~하게 되지 않았다

위 수동태 표현에서 **be동사** 자리에 **was/were**를 넣어 말하면

'(과거에) ~해지지 않았다[하게 되지 않았다]'라는 뜻이 돼요.

그럼 아래의 단어들로 '맞는 주소로 보내지지 않았다'고 말해 볼까요?

send = 보내다 ([p.p.] sent) / **right** = 맞는 / **address** = 주소

▼

주어	동사	전치사구
It 그것은	**was not sent** 보내지지 않았다	**to the right address** 맞는 주소로

▼

It <u>was not sent</u> to the right address.

그것은 맞는 주소로 <u>보내지지 않았다</u>.

▼

그거 맞는 주소로 가지 않았어.

새로운 단어 듣고 써 보기

MP3_131

새로 배운 단어들의 발음을 듣고 소리 내어 말하며 몇 번씩 써 보세요.

| send (sent-sent) | 보내다 |

send ▸ send

| right | 맞는, 올바른 |

right ▸ right

| address | 주소 |

address ▸ address

오늘의 문장 듣고 써 보기

MP3_132

오늘 만든 문장의 전체 발음을 듣고 소리 내어 말하며 스스로 써 보세요.

It was not sent to the right address.

오늘은 수동태 표현에 조동사 will을 넣어서
'~해질 것이다[하게 될 것이다]'라고 말해 봅시다.

The bridge will be built over the river.

강 위로 다리가 지어질 거야.

will be p.p. = ~해질 것이다, ~하게 될 것이다

수동태 표현에 미래시제를 만들 때 쓰는 **will**을 넣어 말하면

'(미래에) ~해질 것이다[하게 될 것이다]'라는 뜻이 돼요.

그럼 아래의 단어들로 '다리가 강 위에 지어질 것이다'라고 말해 볼까요?

build = 짓다 ([p.p.] built) / **bridge** = 다리 / **over** = ~위로

▼

주어	동사	전치사구
The bridge	**will be built**	**over the river**
다리는	지어질 것이다	강 위로

▼

The bridge will be built over the river.

다리는 강 위로 지어질 것이다.

▼

강 위로 다리가 지어질 거야.

새로운 단어 듣고 써 보기

새로 배운 단어들의 발음을 듣고 소리 내어 말하며 몇 번씩 써 보세요.

| build (built-built) | 짓다, 건축하다 |

build ▸ build

| bridge | 다리 |

bridge ▸ bridge

| over | ~위로; ~을 가로질러 |

over ▸ over

오늘의 문장 듣고 써 보기

오늘 만든 문장의 전체 발음을 듣고 소리 내어 말하며 스스로 써 보세요.

The bridge will be built over the river.

오늘의 쓰기 날짜　　월　　일

오늘은 수동태 표현에 'will not(won't)'를 넣어서
'~해지지 않을 것이다'라고 말해 봅시다.

The festival won't be held this summer.

올 여름엔 축제가 안 열릴 거야.

won't be p.p. = ~해지지 않을 것이다, ~하게 되지 않을 것이다

수동태 표현에 'will not(won't)'를 넣어 말하게 되면

'(미래에) ~해지지 않을 것이다[~하게 되지 않을 것이다]'라는 뜻이 돼요.

그럼 아래의 단어들로 '축제[콘서트]가 열리지 않을 것이다'라고 말해 볼까요?

hold = 열다 ([p.p.] held) / festival = 축제 / concert = 콘서트

▼

주어	동사	부사구
The festival	**won't be held**	**this summer**
축제는	열리지 않을 것이다	올 여름에

▼

The festival <u>won't be held</u> this summer.

축제는 올 여름에 열리지 않을 것이다.

▼

올 여름엔 축제가 안 열릴 거야.

MP3_135

새로 배운 단어들의 발음을 듣고 소리 내어 말하며 몇 번씩 써 보세요.

| hold (held-held) | 열다, 개최하다 |

hold ▸ hold

| festival | 축제 |

festival ▸ festival

| concert | 콘서트 |

concert ▸ concert

MP3_136

오늘 만든 문장의 전체 발음을 듣고 소리 내어 말하며 스스로 써 보세요.

The festival won't be held this summer.

오늘의 쓰기 날짜   월   일

오늘은 수동태 표현에 '감정과 관련된 동사'의
p.p. 형태를 넣어 말하는 연습을 해 봅시다.

I'm bored
with the same routine.

난 똑같은 일상이 지루해.

---

bore = 지루하게 하다 ([**p.p.**] bored)

be bored = 지루하게 되다

영어에선 위와 같이 '**be**+동사-**ed**'로 된 감정[상태] 표현이 많아요.

그럼 이번 시간엔 '똑같은 일상에 지루하게 된 상태다'라고 말해 볼까요?

same = 똑같은 / **routine** = (판에 박힌) 일상

▼

주어	동사	전치사구
I	**am bored**	**with the same routine**
나는	지루하게 된 상태이다	똑같은 일상에

▼

I'm bored with the same routine.

나는 똑같은 일상에 지루하게 된 상태이다.

▼

난 똑같은 일상이 지루해.

새로운 단어 듣고 써 보기

MP3_137

새로 배운 단어들의 발음을 듣고 소리 내어 말하며 몇 번씩 써 보세요.

| bore (bored-bored) | 지루하게 하다 |

bore ▸ bore

| same | 똑같은 |

same ▸ same

| routine | (판에 박힌) 일상 |

routine ▸ routine

오늘의 문장 듣고 써 보기

MP3_138

오늘 만든 문장의 전체 발음을 듣고 소리 내어 말하며 스스로 써 보세요.

I'm bored with the same routine.

175

오늘은 전 시간에 이어 수동태 표현을 활용해
나의 감정[상태]을 묘사해 보도록 합시다.

I'm scared
of thunder and lightning.

난 천둥 번개가 무서워.

전 시간에 말해 본 '**be bored**(지루하게 되다)'라는 표현에 이어

이번 시간에 <u>또 다른 감정[상태] 표현</u>을 만들어 볼까요?

scare = 무섭게 하다 ([**p.p.**] **scared**)

be scared (of ~) = (~이) 무섭게 되다

thunder = 천둥 / **lightning** = 번개

▼

주어	동사	전치사구
I 나는	**am scared** 무섭게 된 상태이다	**of thunder and lightning** 천둥과 번개에

▼

<u>**I'm scared**</u> **of thunder and lightning.**

나는 천둥과 번개에 <u>무섭게 된 상태이다.</u>

▼

난 천둥 번개가 무서워.

MP3_139

새로 배운 단어들의 발음을 듣고 소리 내어 말하며 몇 번씩 써 보세요.

| scare (scared-scared) | 무섭게 하다 |

scare ▸ scare

| thunder | 천둥 |

thunder ▸ thunder

| lightning | 번개 |

lightning ▸ lightning

오늘의 문장 **듣고 써 보기**

MP3_140

오늘 만든 문장의 전체 발음을 듣고 소리 내어 말하며 스스로 써 보세요.

I'm scared of thunder and lightning.

CHAPTER
08

다양한 시제를 활용해 영어로 말하기

학습 목표 & 주요 내용

- '과거진행시제'를 활용해 영어로 말하기
  - 문장 주어+동사+전치사구   단어 look for, quiet, spot

- '과거진행시제' 문장에 '부사절(when+문장)' 붙여 말하기
  - 문장 주어+동사+부사절   단어 when, storm, hit

- '과거진행시제' 문장에 '부사절(while+문장)' 붙여 말하기
  - 문장 주어+동사+부사절   단어 while, jog, cycle

- '과거진행시제'를 부정형으로 말하기
  - 문장 주어+동사+전치사구   단어 focus, concentrate, during

- '미래진행시제'를 활용해 영어로 말하기
  - 문장 주어+동사+전치사구   단어 wait, response, reply

- 'be going to-동사'로 미래에 대해 말하기
  - 문장 주어+동사+목적어   단어 start, hobby, job

- 'be going to-동사'를 부정형으로 말하기
  - 문장 주어+동사+목적어   단어 accept, offer, role

- 'was/were going to-동사'로 과거 시점의 미래 말하기
  - 문장 주어+동사+목적어   단어 quit, subscription, membership

- 'was/were about to-동사'로 과거 시점의 미래 말하기
  - 문장 주어+동사   단어 plane, take off, land

- 'used to-동사'로 과거 한때 했었던 일을 말하기
  - 문장 주어+동사+전치사구   단어 town, village, neighborhood

오늘은 'was/were+동사-ing'라는 표현을 써서
'(과거에) ~하고 있었다'라고 말해 봅시다.

I was looking for
a quiet spot to relax.

난 쉴 만한 조용한 곳을 찾고 있었어.

am/is/are+동사-ing = (지금) ~하고 있다

was/were+동사-ing = (과거에) ~하고 있었다

위와 같이 '(과거에) ~하고 있었다'라는 뜻의 시제를 '과거진행시제'라고 해요.

그럼 아래의 표현들로 '쉴 조용한 곳을 찾고 있었다'고 말해 볼까요?

look (for ~) = (~을) 찾다 / quiet = 조용한 / spot = 곳, 장소

▼

주어	동사	전치사구
I 나는	was looking 찾고 있었다	for a quiet spot to relax 쉴 조용한 곳을

▼

I was looking for a quiet spot to relax.

나는 쉴 조용한 곳을 찾고 있었다.

▼

난 쉴 만한 조용한 곳을 찾고 있었어.

MP3_141

새로 배운 단어들의 발음을 듣고 소리 내어 말하며 몇 번씩 써 보세요.

| look for | ~을 찾다 |

look for ▸ look for

| quiet | 조용한 |

quiet ▸ quiet

| spot | 곳, 장소 |

spot ▸ spot

오늘의 문장 듣고 써 보기

MP3_142

오늘 만든 문장의 전체 발음을 듣고 소리 내어 말하며 스스로 써 보세요.

I was looking for a quiet spot to relax.

오늘의 쓰기 날짜   월   일

오늘은 'when+문장'이라는 부사절 표현을 활용해
'~일 때 ~하고 있었다'라고 영어로 말해 봅시다.

We were sleeping when the storm hit.

태풍이 강타했을 때 우린 자고 있었어.

when+문장 = ~일 때

'when+문장'과 같이 '접속사+문장' 형태로 만들어진

표현 덩어리를 '절'이라고 불러요. 그럼 위 표현과

아래의 단어들로 '태풍이 강타했을 때 자고 있었다'고 말해 볼까요?

storm = 태풍 / hit = 치다; 강타하다

▼

주어	동사	부사절
We 우리는	were sleeping 자고 있었다	when **the storm hit** 태풍이 강타했을 때

▼

We were sleeping when the storm hit.

태풍이 강타했을 때 우리는 자고 있었다.

▼

태풍이 강타했을 때 우린 자고 있었어.

MP3_143

새로 배운 단어들의 발음을 듣고 소리 내어 말하며 몇 번씩 써 보세요.

| when | 언제; ~일 때 |

when ▸ when

| storm | 태풍 |

storm ▸ storm

| hit | 치다; 강타하다 |

hit ▸ hit

MP3_144

오늘 만든 문장의 전체 발음을 듣고 소리 내어 말하며 스스로 써 보세요.

We were sleeping when the storm hit.

오늘은 'while+문장'이라는 부사절 표현을 써서
'~일 동안 ~하고 있었다'라고 영어로 말해 봅시다.

I was jogging while you were cycling.

네가 자전거 탈 동안 난 조깅 중이었어.

while+문장 = ~인 동안

이번 시간엔 '**while**+문장'이라는 부사절 표현을 써 볼 거예요.

그럼 위 표현과 아래의 단어들을 활용하여

'네가 자전거 탈 동안 난 조깅 중이었다'고 말해 볼까요?

jog = 조깅하다 / **cycle** = 자전거를 타다

▼

주어	동사	부사절
I 나는	was jogging 조깅하고 있었다	while you were cycling 네가 자전거를 타고 있던 동안

▼

I was jogging while **you were cycling.**

네가 자전거를 타고 있던 동안 나는 조깅하고 있었다.

▼

네가 자전거 탈 동안 난 조깅 중이었어.

MP3_145

새로 배운 단어들의 발음을 듣고 소리 내어 말하며 몇 번씩 써 보세요.

while	~인 동안

while ▸ while

jog	조깅하다

jog ▸ jog

cycle	자전거를 타다

cycle ▸ cycle

오늘의 문장 듣고 써 보기

MP3_146

오늘 만든 문장의 전체 발음을 듣고 소리 내어 말하며 스스로 써 보세요.

I was jogging while you were cycling.

오늘은 'was/were not+동사-ing'라는 표현을 써서
'(과거에) ~하지 않고 있었다'고 말해 봅시다.

They weren't focusing during the class.

그들은 수업 내내 집중하지 않고 있었어.

was/were not+동사-ing = (과거에) ~하지 않고 있었다

'was/were+동사-ing'에 **not**을 집어 넣어 말하면

'(과거에) ~하지 않고 있었다'는 부정 표현이 돼요.

그럼 아래의 단어들로 '수업 동안 집중하지 않고 있었다'고 말해 볼까요?

focus (또는 **concentrate**) = 집중하다 / **during**+명사 = ~동안

▼

주어	동사	전치사구
They 그들은	**weren't focusing** 집중하지 않고 있었다	**during the class** 수업 동안

▼

They weren't focusing during the class.

그들은 수업 동안 집중하지 않고 있었다.

▼

그들은 수업 내내 집중하지 않고 있었어.

새로 배운 단어들의 발음을 듣고 소리 내어 말하며 몇 번씩 써 보세요.

focus	집중하다

focus ▸ focus

concentrate	집중하다

concentrate ▸ concentrate

during	~동안

during ▸ during

오늘의 문장 듣고 써 보기

오늘 만든 문장의 전체 발음을 듣고 소리 내어 말하며 스스로 써 보세요.

They weren't focusing during the class.

오늘의 쓰기 날짜   월   일

오늘은 'will be+동사-ing'라는 표현을 활용하여
'(미래에) ~하고 있을 것이다'라고 말해 봅시다.

I'll be waiting for your response.

당신의 답변을 기다리고 있겠습니다.

will be+동사-ing = (미래에) ~하고 있을 것이다

위와 같이 '(미래에) ~하고 있을 것이다'라는 뜻의 시제를
'미래진행시제'라고 해요. 그럼 위 표현과 아래의 단어들로
'당신의 답변을 기다리고 있을 것이다'라고 말해 볼까요?

wait = 기다리다 / **response** (또는 **reply**) = 대답, 답장

▼

주어	동사	전치사구
I 나는	**will be waiting** 기다리고 있을 것이다	**for your response** 너의 답변을

▼

I'll be waiting for your response.

나는 너의 답변을 기다리고 있을 것이다.

▼

당신의 답변을 기다리고 있겠습니다.

MP3_149

새로 배운 단어들의 발음을 듣고 소리 내어 말하며 몇 번씩 써 보세요.

wait	기다리다

wait ▸ wait

response	대답, 답장

response ▸ response

reply	대답, 답장

reply ▸ reply

오늘의 문장 들고 써 보기

MP3_150

오늘 만든 문장의 전체 발음을 듣고 소리 내어 말하며 스스로 써 보세요.

I'll be waiting for your response.

오늘의 쓰기 날짜　　월　　일

오늘은 'be going to-동사'라는 표현을 활용하여
'(미래에) ~할 예정이다'라고 영어로 말해 봅시다.

I'm going to start a new hobby.

난 새로운 취미생활을 시작할 거야.

---

be going to-동사 = (미래에) ~할 예정이다

위 표현은 미래에 막연히 뭘 하겠다고 말하는 느낌이 아니라

'(계획[생각]대로) ~할 예정이다'라고 말하는 느낌의 표현이에요.

그럼 이번엔 '새로운 취미를[일을] 시작할 예정이다'라고 말해 볼까요?

start = 시작하다 / **hobby** = 취미 / **job** = 일, 직업

▼

주어	동사	목적어
I 나는	**am going to start** 시작할 예정이다	**a new hobby** 새로운 취미를

▼

I'm going to start a new hobby.

나는 새로운 취미를 시작할 예정이다.

▼

난 새로운 취미생활을 시작할 거야.

MP3_151

새로 배운 단어들의 발음을 듣고 소리 내어 말하며 몇 번씩 써 보세요.

start	시작하다

start ▸ start

hobby	취미

hobby ▸ hobby

job	일, 직업

job ▸ job

오늘의 문장 듣고 써 보기

MP3_152

오늘 만든 문장의 전체 발음을 듣고 소리 내어 말하며 스스로 써 보세요.

I'm going to start a new hobby.

191

오늘의 쓰기 날짜　　월　　일

오늘은 'be not goint to-동사'라는 표현을 써서
'(미래에) ~하지 않을 예정이다'라고 말해 봅시다.

She's not going to accept that job offer.

그녀는 그 제안을 안 받아들일 거야.

---

be not going to-동사 = (미래에) ~하지 않을 예정이다

'be going to-동사' 표현에 not을 집어 넣어 말하면

'(미래에) ~하지 않을 예정이다'라는 부정 표현이 돼요.

그럼 이번엔 '그 제안[역할]을 안 받아들일 예정이다'라고 말해 볼까요?

accept = 받아들이다 / offer = 제안 / role = 역할

▼

주어	동사	목적어
She 그녀는	**is not going to accept** 받아들이지 않을 예정이다	**that offer** 그 제안을

▼

She's not going to accept that offer.

그녀는 그 제안을 받아들이지 않을 예정이다.

▼

그녀는 그 제안을 안 받아들일 거야.

MP3_153

새로 배운 단어들의 발음을 듣고 소리 내어 말하며 몇 번씩 써 보세요.

accept	받아들이다, 수락하다

accept ▸ accept

offer	제안

offer ▸ offer

role	역할

role ▸ role

오늘의 문장 듣고 써 보기

MP3_154

오늘 만든 문장의 전체 발음을 듣고 소리 내어 말하며 스스로 써 보세요.

She's not going to accept that offer.

193

오늘은 'was/were going to-동사'라는 표현을 써서
'(과거에) ~하지 않을 예정이었다'고 말해 봅시다.

He was going to quit the subscription.

그는 구독을 그만하려고 했었어.

---

was/were going to-동사 = (과거에) ~하지 않을 예정이었다

'be going to-동사'에서 be동사 자리에 was/were을 넣어 말하면

'(과거에) ~하지 않을 예정이었다'라는 뜻의 표현이 돼요.

그럼 이번엔 '구독을[회원을] 그만둘 예정이었다'라고 말해 볼까요?

quit = 그만두다 / subscription = 구독 / membership = 회원 (자격)

▼

주어	동사	목적어
He 그는	**was going to quit** 그만둘 예정이었다	**the subscription** 구독을

▼

He was going to quit the subscription.

그는 구독을 그만둘 예정이었다.

▼

그는 구독을 그만하려고 했었어.

MP3_155

새로 배운 단어들의 발음을 듣고 소리 내어 말하며 몇 번씩 써 보세요.

quit	그만두다

quit ▸ quit

subscription	구독

subscription ▸ subscription

membership	회원 (자격)

membership ▸ membership

오늘의 문장 듣고 써 보기

MP3_156

오늘 만든 문장의 전체 발음을 듣고 소리 내어 말하며 스스로 써 보세요.

He was going to quit the subscription.

오늘은 'was/were about to-동사'라는 표현을 써서
'막 ~하려던 참이었다'고 영어로 말해 봅시다.

The plane was about to take off.

비행기가 막 이륙하려던 참이었어.

was/were about to-동사 = (과거에) 막 ~하려던 참이었다

위 표현은 과거 어느 시점에

'어떤 일이 막 벌어지려던 참이었다'고 말할 때 쓸 수 있어요.

그럼 이번엔 '비행기가 막 이륙[착륙]하려던 참이었다'고 말해 볼까요?

plane = 비행기 / take off = 이륙하다 / land = 착륙하다

▼

주어	동사
The plane 비행기는	was about to take off 막 이륙하려던 참이었다

▼

The plane was about to take off.

비행기는 막 이륙하려던 참이었다.

▼

비행기가 막 이륙하려던 참이었어.

새로운 단어 듣고 써 보기

MP3_157

새로 배운 단어들의 발음을 듣고 소리 내어 말하며 몇 번씩 써 보세요.

plane	비행기

plane ▸ plane

take off	이륙하다

take off ▸ take off

land	착륙하다

land ▸ land

오늘의 문장 듣고 써 보기

MP3_158

오늘 만든 문장의 전체 발음을 듣고 소리 내어 말하며 스스로 써 보세요.

The plane was about to take off.

오늘의 쓰기 날짜   월   일

오늘은 'used to-동사'라는 표현을 활용하여
'(과거) 한때 ~했다[하곤 했다]'라고 말해 봅시다.

We used to live in a small down.

한때 우린 작은 소도시에 살았어.

---

used to-동사 = (과거) 한때 ~했다[하곤 했다]

위 표현은 과거의 어느 기간에 걸쳐

'(과거) 한때 ~했다[하곤 했다]'라는 뉘앙스로 말할 때 써요.

그럼 이번엔 '한때 작은 도시[마을/동네]에 살았다'고 말해 볼까요?

town = (소)도시 / **village** = 마을 / **neighborhood** = 동네

▼

주어	동사	전치사구
We 우리는	used to live 한때 살았다	**in a small town** 작은 소도시에

▼

We <u>used to live</u> in a small town.

우리는 작은 소도시에서 한때 살았다.

▼

한때 우린 작은 소도시에 살았어.

MP3_159

새로 배운 단어들의 발음을 듣고 소리 내어 말하며 몇 번씩 써 보세요.

town	(소)도시

town ▸ town

village	마을

village ▸ village

neighborhood	동네

neighborhood ▸ neighborhood

오늘의 문장 **듣고 써 보기**

MP3_160

오늘 만든 문장의 전체 발음을 듣고 소리 내어 말하며 스스로 써 보세요.

We used to live in a small town.

두 요소를 하나로 연결해 영어로 말하기

학습 목표 & 주요 내용

- 관계대명사 who로 두 요소를 연결해 말하기
- 문장 주어+be동사+보어 단어 man, next door, kind

- 관계대명사 whom으로 두 요소를 연결해 말하기
- 문장 주어+be동사+보어 단어 woman, respect, admire

- 관계대명사 whose로 두 요소를 연결해 말하기
- 문장 주어+동사 단어 kid, missing, cry

- 관계대명사 where로 두 요소를 연결해 말하기
- 문장 주어+be동사+보어 단어 house, grow up, be born

- 관계대명사 when으로 두 요소를 연결해 말하기
- 문장 주어+be동사+보어 단어 meet, first, sunny

- 관계대명사 why로 두 요소를 연결해 말하기
- 문장 주어+be동사+보어 단어 reason, delay, postpone

- 관계대명사 which로 두 요소를 연결해 말하기
- 문장 주어+be동사+보어 단어 laptop, lose, expensive

- 관계대명사 that으로 두 요소를 연결해 말하기 (1)
- 문장 주어+동사+목적어 단어 watch, gloves, waterproof

- 관계대명사 that으로 두 요소를 연결해 말하기 (2)
- 문장 주어+be동사+보어 단어 dress, wear, gorgeous

- 관계대명사를 생략한 뒤 두 요소를 연결해 말하기
- 문장 주어+동사+목적어 단어 item, product, mention

오늘의 쓰기 날짜   월   일

오늘은 관계대명사 who를 활용하여
두 요소를 하나로 연결해 말하는 연습을 해 봅시다.

The man who lives next door is kind.

옆집에 사는 남자는 친절해요.

A(사람)+who+동사 = ~하는 A

The man **lives next door.** = 그 남자는 옆집에 산다.

The man **is kind.** = 그 남자는 친절하다.

The man who **lives next door is kind.** = 옆집에 사는 그 남자는 친절하다.

(*who와 같이 두 요소를 하나로 연결해 주는 걸 '관계대명사'라고 해요.)

▼

주어	be동사	보어
The man who **lives next door** 옆집에 사는 그 남자는	**is** ~이다	**kind** 친절한

▼

The man who **lives next door is kind.**

옆집에 사는 그 남자는 친절하다.

▼

옆집에 사는 남자는 친절해요.

새로운 단어 듣고 써 보기

MP3_161

새로 배운 단어들의 발음을 듣고 소리 내어 말하며 몇 번씩 써 보세요.

man	남자

man ▸ man

next door	옆집에, 옆방에

next door ▸ next door

kind	친절한

kind ▸ kind

오늘의 문장 듣고 써 보기

MP3_162

오늘 만든 문장의 전체 발음을 듣고 소리 내어 말하며 스스로 써 보세요.

The man who lives next door is kind.

오늘의 쓰기 날짜 　　월　　일

오늘은 whom이라는 관계대명사를 활용하여
'~가 ~하는 A(사람)'이라고 말해 봅시다.

She's the woman whom I respect.

그녀는 제가 존경하는 여자분이에요.

A(사람)+**who**+동사 = ~하는 A

A(사람)+**whom**+주어+동사 = ~가 ~하는 A

'~가 ~하는 **A(사람)**'이라고 할 땐 '관계대명사 **whom**'을 써요.

그럼 이번엔 '내가 존경하는 여자'라는 말을 만들어 볼까요?

woman = 여자 / **respect** (또는 **admire**) = 존경하다

▼

주어	be동사	보어
She	**is**	the woman whom I respect
그녀는	~이다	내가 존경하는 여자

▼

She's the woman whom I respect.

그녀는 내가 존경하는 여자이다.

▼

그녀는 제가 존경하는 여자분이에요.

MP3_163

새로 배운 단어들의 발음을 듣고 소리 내어 말하며 몇 번씩 써 보세요.

woman	여자

woman ▸ woman

respect	존경하다

respect ▸ respect

admire	존경하다

admire ▸ admire

MP3_164

오늘 만든 문장의 전체 발음을 듣고 소리 내어 말하며 스스로 써 보세요.

She's the woman whom I respect.

오늘의 쓰기 날짜   월   일

오늘은 관계대명사 whose를 활용하여
'자신의 ~가 ~하는 A(사람)'이라고 말해 봅시다.

The kid whose toy is missing is crying.

장난감이 없어진 그 애는 울고 있어요.

A(사람)+whose+B(명사)+동사 = 자신의[자신이 가진] B가 ~하는 A

관계대명사 **whose**는 '누구의'라는 소유의 뜻을 가지고 있기 때문에
위 표현은 '자신(**A**)의[자신(**A**)이 가진] **B**가 ~하는 **A**'라고 해석돼요.
그럼 이번엔 '자신의 장난감이 없어진 아이가 울고 있다'고 말해 볼까요?
kid = 아이 / **toy** = 장난감 / **missing** = 없어진 / **cry** = 울다

▼

주어	동사
The kid whose toy is missing	**is crying**
자신의 장난감이 없어진 그 아이는	울고 있다.

▼

The kid whose toy is missing is crying.

자신의 장난감이 없어진 그 아이는 울고 있다.

▼

장난감이 없어진 그 애는 울고 있어요.

MP3_165

새로 배운 단어들의 발음을 듣고 소리 내어 말하며 몇 번씩 써 보세요.

| kid | 아이 |

kid ▸ kid

| missing | 없어진 |

missing ▸ missing

| cry | 울다 |

cry ▸ cry

오늘의 문장 듣고 써 보기

MP3_166

오늘 만든 문장의 전체 발음을 듣고 소리 내어 말하며 스스로 써 보세요.

The kid whose toy is missing is crying.

오늘의 쓰기 날짜   월   일

오늘은 관계대명사 where을 활용하여
'(~가) ~하는 A(장소)'라고 말해 봅시다.

This is the house where I grew up.

여기가 내가 자란 집이야.

A(장소)+where+(주어)+동사 = (~가) ~하는 A

'(~가) ~하는 **A**'라고 말할 때 A가 '장소'일 경우

'관계대명사 **where**'을 써서 말할 수 있어요.

그럼 이번엔 '이곳이 내가 성장한[태어난] 집이다'라고 말해 볼까요?

house = 집 / **grow up** (과거형: **grew up**) = 성장하다 / **be born** = 태어나다

▼

주어	be동사	보어
This 이곳이	**is** ~이다	the house where I grew up 내가 성장했던 집

▼

This is the house where I grew up.

이곳이 내가 성장했던 집이다.

▼

여기가 내가 자란 집이야.

208

MP3_167

새로 배운 단어들의 발음을 듣고 소리 내어 말하며 몇 번씩 써 보세요.

house	집

house ▸ house

grow up	성장하다

grow up ▸ grow up

be born	태어나다

be born ▸ be born

오늘의 문장 **듣고 써 보기**

MP3_168

오늘 만든 문장의 전체 발음을 듣고 소리 내어 말하며 스스로 써 보세요.

This is the house where I grew up.

DAY 085

오늘의 쓰기 날짜   월   일

오늘은 관계대명사 when을 활용하여
'(~가) ~하는 A(때[시간])'이라고 말해 봅시다.

The day when we first met was sunny.

우리가 처음 만난 날은 화창했어.

A(때[시간])+when+(주어)+동사 = (~가) ~하는 A

'(~가) ~하는 A'라고 말할 때 A가 '때[시간]'일 경우

'관계대명사 when'을 써서 말할 수 있어요.

그럼 이번엔 '우리가 처음 만났던 날은 화창했다'라고 말해 볼까요?

meet (과거형: met) = 만나다 / first = 처음(으로) / sunny = 화창한

▼

주어	be동사	보어
The day when we first met 우리가 처음으로 만났던 날은	was ~였다	sunny 화창한

▼

The day when we first met was sunny.

우리가 처음으로 만났던 날은 화창했다.

▼

우리가 처음 만난 날은 화창했어.

210

새로 배운 단어들의 발음을 듣고 소리 내어 말하며 몇 번씩 써 보세요.

meet	만나다

meet ▶ meet

first	처음(으로)

first ▶ first

sunny	화창한

sunny ▶ sunny

오늘의 문장 듣고 써 보기

MP3_170

오늘 만든 문장의 전체 발음을 듣고 소리 내어 말하며 스스로 써 보세요.

The day when we first met was sunny.

오늘의 쓰기 날짜　월　일

오늘은 관계대명사 why를 활용하여
'~가 ~하는 이유'라고 영어로 말해 봅시다.

This is the reason why it was delayed.

이게 바로 그 일이 미뤄진 이유야.

reason+why+주어+동사 = ~가 ~하는 이유

'~가 ~하는 이유'라고 말할 땐 '관계대명사 why'를 쓸 수 있어요.

그럼 이번엔 '이게 바로 그것이 미뤄진 이유다'라고 말해 볼까요?

delay ([과거형] delayed / [p.p.] delayed) = 미루다, 연기하다

postpone ([과거형] postponed / [p.p.] postponed) = 미루다, 연기하다

▼

주어	be동사	보어
This 이것이	**is** ~이다	the reason why it was delayed 그것이 미뤄졌던 이유

▼

This is the reason why it was delayed.

이것이 그것이 미뤄졌던 이유이다.

▼

이게 바로 그 일이 미뤄진 이유야.

새로운 단어 듣고 써 보기

MP3_171

새로 배운 단어들의 발음을 듣고 소리 내어 말하며 몇 번씩 써 보세요.

reason	이유

reason ▸ reason

delay	미루다, 연기하다

delay ▸ delay

postpone	미루다, 연기하다

postpone ▸ postpone

오늘의 문장 듣고 써 보기

MP3_172

오늘 만든 문장의 전체 발음을 듣고 소리 내어 말하며 스스로 써 보세요.

This is the reason why it was delayed.

오늘의 쓰기 날짜   월   일

오늘은 관계대명사 which를 활용하여
'(~가) ~하는 A(사물)'이라고 말해 봅시다.

The laptop which I lost was expensive.

내가 잃어버린 그 노트북 비싼 거였어.

A(사물)+**which**+(주어)+동사 = (~가) ~하는 A

'(~가) ~하는 **A**'라고 말할 때 **A**가 '사물'일 경우

'관계대명사 **which**'를 써서 말할 수 있어요.

그럼 이번엔 '내가 잃어버렸던 그 노트북은 비쌌다'라고 말해 볼까요?

laptop = 노트북 / **lose** (과거형: **lost**) = 잃어버리다 / **expensive** = 비싼

▼

주어	be동사	보어
The laptop which I lost 내가 잃어버렸던 그 노트북은	**was** ~였다	**expensive** 비싼

▼

The laptop which I lost was expensive.

내가 잃어버렸던 그 노트북은 비쌌다.

▼

내가 잃어버린 그 노트북 비싼 거였어.

새로운 단어 듣고 써 보기

MP3_173

새로 배운 단어들의 발음을 듣고 소리 내어 말하며 몇 번씩 써 보세요.

laptop	노트북

laptop ▸ laptop

lose	잃어버리다

lose ▸ lose

expensive	비싼

expensive ▸ expensive

오늘의 문장 듣고 써 보기

MP3_174

오늘 만든 문장의 전체 발음을 듣고 소리 내어 말하며 스스로 써 보세요.

The laptop which I lost was expensive.

215

오늘의 쓰기 날짜   월   일

오늘은 관계대명사 that을 활용하여
'(~가) ~하는 A'라고 영어로 말해 봅시다.

I need a watch that is waterproof.

나 방수가 되는 손목시계가 필요해.

A+that+(주어)+동사 = (~가) ~하는 A

관계대명사 **that**은 '만능 관계대명사'라고 할 수 있어요.

앞에 있는 **A**(사람/사물/때/장소/이유)가 뭐가 됐든 항상 사용 가능하거든요.

그럼 이번엔 '방수가 되는 손목시계가[장갑이] 필요하다'라고 말해 볼까요?

watch = 손목시계 / **gloves** = 장갑 / **waterproof** = 방수가 되는

▼

주어	동사	목적어
I	**need**	**a watch that is waterproof**
나는	필요하다	방수가 되는 손목시계가

▼

I need a watch that **is waterproof.**

나는 방수가 되는 손목시계가 필요하다.

▼

나 방수가 되는 손목시계가 필요해.

216

새로 배운 단어들의 발음을 듣고 소리 내어 말하며 몇 번씩 써 보세요.

watch	손목시계

watch ▸ watch

gloves	(두 쪽으로 된) 장갑

gloves ▸ gloves

waterproof	방수가 되는

waterproof ▸ waterproof

오늘의 문장 듣고 써 보기

MP3_176

오늘 만든 문장의 전체 발음을 듣고 소리 내어 말하며 스스로 써 보세요.

I need a watch that is waterproof.

오늘은 전 시간에 이어 관계대명사 that을 써서
'(~가) ~하는 A'라고 말하는 연습을 해 봅시다.

The dress that she wore was gorgeous.

그녀가 입었던 원피스 너무 멋졌어.

A+that+(주어)+동사 = (~가) ~하는 A

전 시간에 이어 관계대명사 **that**을 써서 말하는 연습을 더 해 볼게요.

이번엔 '**A+that**+(주어)+동사' 표현을 문장의 주어 자리에 넣어서

'그녀가 입었던 원피스가 아주 멋졌다'라고 말해 볼까요?

dress = 원피스 / **wear** (과거형: **wore**) = 입다 / **gorgeous** = 아주 멋진

▼

주어	be동사	목적어
The dress that **she wore** 그녀가 입었던 원피스는	**was** ~였다	**gorgeous** 아주 멋진

▼

The dress that **she wore was gorgeous.**

그녀가 입었던 원피스는 아주 멋졌다.

▼

그녀가 입었던 원피스 너무 멋졌어.

새로운 단어 듣고 써 보기

MP3_177

새로 배운 단어들의 발음을 듣고 소리 내어 말하며 몇 번씩 써 보세요.

dress	원피스

dress ▸ dress

wear	입다, 착용하다

wear ▸ wear

gorgeous	아주 멋진[아름다운]

gorgeous ▸ gorgeous

오늘의 문장 듣고 써 보기

MP3_178

오늘 만든 문장의 전체 발음을 듣고 소리 내어 말하며 스스로 써 보세요.

The dress that she wore was gorgeous.

219

오늘의 쓰기 날짜   월   일

오늘은 관계대명사를 '생략'해서
자연스럽게 말하는 연습을 해 봅시다.

I know the item you mentioned.

네가 말했던 그 물건 나 알아.

A+~~that~~+(주어)+동사 = (~가) ~하는 A

위에서 볼 수 있듯 '관계대명사는 생략'하고 말하는 것이 가능해요.

(*하지만 관계대명사 뒤에 주어 없이 '동사'가 바로 나올 땐 생략 불가능!)

그럼 이번엔 '나는 네가 언급했던 그 물품[제품]을 안다'라고 말해 볼까요?

item = 물품 / **product** = 제품 / **mention** (과거형: **mentioned**) = 언급하다

▼

주어	동사	목적어
I	**know**	the item ~~that~~ you mentioned
나는	안다	네가 언급했던 그 물품

▼

I know the item ~~that~~ you mentioned**.**

나는 네가 언급했던 그 물품을 안다.

▼

네가 말했던 그 물건 나 알아.

MP3_179

새로 배운 단어들의 발음을 듣고 소리 내어 말하며 몇 번씩 써 보세요.

| item | 물품, 품목 |

item ▸ item

| product | 제품, 상품 |

product ▸ product

| mention | 언급하다 |

mention ▸ mention

MP3_180

오늘 만든 문장의 전체 발음을 듣고 소리 내어 말하며 스스로 써 보세요.

I know the item you mentioned.

이디엄을 활용해 영어로 말하기

	오늘 써 볼 영어 문장
DAY 091	**I usually go with the flow.** 난 보통 대세를 따르는 편이야.
DAY 092	**I really have a lot on my plate.** 나 정말로 할 일이 많아.
DAY 093	**I accidently spilled the beans.** 나 우연히 비밀을 누설하고 말았어.
DAY 094	**You just hit the nail on the head.** 네가 딱 정곡을 찔렀어.
DAY 095	**Stop beating around the bush.** 빙빙 돌려 말하는 것 좀 그만해.
DAY 096	**Don't put all your eggs in one basket.** 하나에 모든 걸 다 걸지 말아.
DAY 097	**Don't burn the candle at both ends.** 너무 무리하지 마.
DAY 098	**This book is selling like hot cakes.** 이 책 불티나게 팔리고 있어.
DAY 099	**He sat on the fence during the debate.** 그는 토론 내내 중립을 지켰어.
DAY 100	**You shouldn't miss the boat this time.** 너 이번엔 기회를 놓치지 않는 게 좋을 거야.

학습 목표 & 주요 내용

- 'go with the flow'를 활용해 영어로 말하기
- 문장 주어+부사+동사+전치사구 단어 flow, usually, normally

- 'have a lot on one's plate'를 활용해 영어로 말하기
- 문장 주어+부사+동사+목적어+전치사구 단어 a lot, plate, really

- 'spill the beans'를 활용해 영어로 말하기
- 문장 주어+부사+동사+목적어 단어 spill, bean, accidentally

- 'hit the nail on the head'를 활용해 영어로 말하기
- 문장 주어+부사+동사+목적어+전치사구 단어 nail, head, just

- 'beat around the bush'를 활용해 영어로 말하기
- 문장 동사+목적어 단어 beat, around, bush

- 'put all one's eggs in one basket'을 활용해 영어로 말하기
- 문장 동사+목적어+전치사구 단어 put, egg, basket

- 'burn the candle at both ends'를 활용해 영어로 말하기
- 문장 동사+목적어+전치사구 단어 burn, candle, end

- 'sell like hot cakes'를 활용해 영어로 말하기
- 문장 주어+동사+전치사구 단어 sell, like, hot cake

- 'sit on the fence'를 활용해 영어로 말하기
- 문장 주어+동사+전치사구+전치사구 단어 sit, fence, debate

- 'miss the boat'를 활용해 영어로 말하기
- 문장 주어+동사+목적어+부사구 단어 miss, boat, this time

오늘의 쓰기 날짜   월   일

오늘은 'go with the flow'라는 이디엄을 배우고
이를 활용해 문장을 만들어 말해 봅시다.

I usually
go with the flow.

난 보통 대세를 따르는 편이야.

---

go = 가다 / **flow** = 흐름

go with the flow = [직역] 흐름과 함께 가다

→ [실제 의미] 대세를 따르다

흐름에 몸을 맡겨 이 흐름대로 따라 가고 있는 모습을 상상해 보세요.

마치 '대세[흐름]에 따라 가는 모습'과 흡사하지 않나요?

▼

주어	부사	동사	전치사구
I	**usually**	**go**	**with the flow**
나는	보통	간다	흐름과 함께

▼

I usually go with the flow.

[직역] 나는 보통 흐름과 함께 간다.

▼

[실제 의미] 난 보통 대세를 따르는 편이야.

MP3_181

새로 배운 단어들의 발음을 듣고 소리 내어 말하며 몇 번씩 써 보세요.

flow	흐름

flow ▸ flow

usually	보통, 대개

usually ▸ usually

normally	보통(은)

normally ▸ normally

오늘의 문장 듣고 써 보기

MP3_182

오늘 만든 문장의 전체 발음을 듣고 소리 내어 말하며 스스로 써 보세요.

I usually go with the flow.

오늘은 'have a lot on one's plate'라는 이디엄을
배우고 이를 활용해 문장을 만들어 말해 봅시다.

I really have a lot on my plate.

나 정말로 할 일이 많아.

a lot = 다수, 많음 / **plate** = 접시

have a lot on one's plate = [직역] ~의 접시에 많은 것을 갖고 있다

→ [실제 의미] 할 일이 많다

접시 위에 먹어야 할 음식이 산더미처럼 쌓여 있는 상황에서

'먹어야 할 음식'을 '해야 할 일'에 비유하면 '할 일이 많다'고 여겨지겠죠?

▼

주어	부사	동사	목적어	전치사구
I	**really**	have	a lot	on my plate
나는	정말	갖고 있다	많은 것을	나의 접시에

▼

I really have a lot on my plate.

[직역] 나는 정말 나의 접시에 많은 것을 갖고 있다.

▼

[실제 의미] 나 정말로 할 일이 많아.

새로 배운 단어들의 발음을 듣고 소리 내어 말하며 몇 번씩 써 보세요.

a lot	다수, 많음; 많은

a lot ▸ a lot

plate	접시

plate ▸ plate

really	정말, 진짜

really ▸ really

오늘의 문장 듣고 써 보기

MP3_184

오늘 만든 문장의 전체 발음을 듣고 소리 내어 말하며 스스로 써 보세요.

I really have a lot on my plate.

오늘의 쓰기 날짜   월   일

오늘은 'spill the beans'라는 이디엄을 배우고
이를 활용해 문장을 만들어 말해 봅시다.

I accidentally spilled the beans.

나 우연히 비밀을 누설하고 말았어.

spill (과거형: **spilled**) = 흘리다 / **bean** = 콩

spill the beans = [직역] 콩을 흘리다

→ [실제 의미] 비밀을 누설하다

위 표현은 고대 그리스에서 흰콩/검은콩으로 찬반 투표를 했었는데

실수로 콩을 흘리면 결과를[비밀을] 누설하게 되는 것에서 유래됐다고 해요.

▼

주어	부사	동사	목적어
I	**accidentally**	spilled	the beans
나는	우연히	흘렸다	콩을

▼

I accidentally spilled the beans.

[직역] 나는 우연히 콩을 흘렸다.

▼

[실제 의미] 나 우연히 비밀을 누설하고 말았어.

새로운 단어 듣고 써 보기

MP3_185

새로 배운 단어들의 발음을 듣고 소리 내어 말하며 몇 번씩 써 보세요.

spill	흘리다

spill ▸ spill

bean	콩

bean ▸ bean

accidentally	우연히

accidentally ▸ accidentally

오늘의 문장 듣고 써 보기

MP3_186

오늘 만든 문장의 전체 발음을 듣고 소리 내어 말하며 스스로 써 보세요.

I accidentally spilled the beans.

오늘은 'hit the nail on the head'라는 이디엄을 배우고 이를 활용해 문장을 만들어 말해 봅시다.

You just hit the nail on the head.

네가 딱 정곡을 찔렀어.

---

hit (과거형: **hit**) = 치다 / **nail** = 못 / **head** = 머리

hit the nail on the head = [직역] 머리 위로 못을 치다

→ [실제 의미] 정곡을 찌르다

망치로 못의 머리 부분을 정확히 조준해서 치는 장면을 상상해 보세요.

마치 '정곡을[못의 머리를] 찌르는 모습'과 흡사하지 않나요?

▼

주어	부사	동사	목적어	전치사구
You	**just**	hit	the nail	on the head
너는	딱[정확히]	쳤다	못을	머리 위로

▼

You just hit the nail on the head.

[직역] 너는 딱[정확히] 머리 위로 못을 쳤다.

▼

[실제 의미] 네가 딱 정곡을 찔렀어.

MP3_187

새로 배운 단어들의 발음을 듣고 소리 내어 말하며 몇 번씩 써 보세요.

nail	못; 손톱, 발톱

nail ▸ nail

head	머리

head ▸ head

just	딱, 정확히; 그냥, 그저

just ▸ just

MP3_188

오늘 만든 문장의 전체 발음을 듣고 소리 내어 말하며 스스로 써 보세요.

You just hit the nail on the head.

231

오늘의 쓰기 날짜   월   일

오늘은 'beat around the bush'라는 이디엄을
배우고 이를 활용해 문장을 만들어 말해 봅시다.

Stop beathing around the bush.

빙빙 돌려 말하는 것 좀 그만해.

beat = 치다 / around = ~주위(에) / bush = 덤불

beat around the bush = [직역] 덤불 주위를 치다

→ [실제 의미] 빙빙 돌려 말하다

위 표현은 동물이 덤불 안에 숨어 있는 상황에서 덤불을 직접 들쑤시지 않고
조심스럽게 덤불 주변만 툭툭 치며 간을 보는 것에서 유래됐다고 해요.

▼

동사	목적어
Stop 그만해라	beating around the bush 덤불 주위를 치는 것을

▼

Stop beating around the bush.

[직역] 덤불 주위를 치는 것을 그만해라.

▼

[실제 의미] 빙빙 돌려 말하는 것 좀 그만해.

MP3_189

새로 배운 단어들의 발음을 듣고 소리 내어 말하며 몇 번씩 써 보세요.

| beat | 치다; 휘젓다 |

beat ▶ beat

| around | ~주위(에) |

around ▶ around

| bush | 덤불 |

bush ▶ bush

MP3_190

오늘 만든 문장의 전체 발음을 듣고 소리 내어 말하며 스스로 써 보세요.

Stop beating around the bush.

오늘의 쓰기 날짜   월   일

오늘은 'put all one's eggs in one basket'이란
이디엄을 활용해 문장을 만들어 말해 봅시다.

Don't put all your eggs in one basket.

하나에 모든 걸 다 걸지 말아.

put = 놓다 / egg = 계란 / basket = 바구니

put all one's eggs in one basket

= [직역] 한 개의 바구니에 ~의 모든 계란들을 놓다

→ [실제 의미] 하나에 모든 걸 다 걸다

바구니 하나에 계란을 다 담는 상황이 '하나에 모든 걸 다 거는 느낌'이죠?

▼

동사	목적어	전치사구
Don't put	all your eggs	in one basket
놓지 말아라	너의 모든 계란들을	한 개의 바구니에

▼

Don't put all your eggs in one basket.

[직역] 한 개의 바구니에 너의 모든 계란들을 놓지 말아라.

▼

[실제 의미] 하나에 모든 걸 다 걸지 마.

MP3_191

새로 배운 단어들의 발음을 듣고 소리 내어 말하며 몇 번씩 써 보세요.

| put | 놓다 |

put ▸ put

| egg | 계란 |

egg ▸ egg

| basket | 바구니 |

basket ▸ basket

오늘의 문장 듣고 써 보기

MP3_192

오늘 만든 문장의 전체 발음을 듣고 소리 내어 말하며 스스로 써 보세요.

Don't put all your eggs in one basket.

오늘의 쓰기 날짜   월   일

오늘은 'burn the candle at both ends'라는
이디엄을 활용해 문장을 만들어 말해 봅시다.

Don't burn the candle at both ends.

너무 무리하지 마.

---

burn = 태우다 / candle = (양)초 / both = 양쪽의 / end = 끝

burn the candle at both ends = [직역] 초를 양쪽 끝에서 태우다

→ [실제 의미] (너무) 무리하다, 과로하다

초가 귀했던 옛날에 초를 양쪽 끝으로 밤새 태울 만큼 불을 밝힌다는 것은
밤새도록 할 일이 많아 '무리[과로]한다'는 걸 의미했다고 해요.

▼

동사	목적어	전치사구
Don't burn	the candle	at both ends
태우지 말아라	초를	양쪽 끝에서

▼

Don't burn the candle at both ends.

[직역] 초를 양쪽 끝에서 태우지 말아라.

▼

[실제 의미] 너무 무리하지 마.

MP3_193

새로 배운 단어들의 발음을 듣고 소리 내어 말하며 몇 번씩 써 보세요.

| burn | 태우다 |

burn ▸ burn

| candle | (양)초 |

candle ▸ candle

| end | 끝; 마지막 |

end ▸ end

오늘의 문장 듣고 써 보기

MP3_194

오늘 만든 문장의 전체 발음을 듣고 소리 내어 말하며 스스로 써 보세요.

Don't burn the candle at both ends.

오늘은 'sell like hot cakes'라는 이디엄을 배우고
이를 활용해 문장을 만들어 말해 봅시다.

This book is selling like hot cakes.

이 책 불티나게 팔리고 있어.

sell = 팔리다 / **like** = ~처럼 / **hot cake** = 핫케익

sell like hot cakes = [직역] 핫케익처럼 팔리다

→ [실제 의미] 불티나게 팔리다

위 표현은 예전 교회에서 나눠주던 핫케익이 불티나게 나갔던 것에서

유래되어 위와 같은 뜻으로 쓰이게 되었다고 알려져 있어요.

▼

주어	동사	전치사구
This book 이 책은	is selling 팔리고 있다	like hot cakes 핫케익처럼

▼

This book is selling like hot cakes.

[직역] 이 책은 핫케익처럼 팔리고 있다.

▼

[실제 의미] 이 책 불티나게 팔리고 있어.

새로운 단어 듣고 써 보기

새로 배운 단어들의 발음을 듣고 소리 내어 말하며 몇 번씩 써 보세요.

sell	팔리다; 팔다

sell ▸ sell

like	~처럼

like ▸ like

hot cake	핫케익

hot cake ▸ hot cake

오늘의 문장 듣고 써 보기

오늘 만든 문장의 전체 발음을 듣고 소리 내어 말하며 스스로 써 보세요.

This book is selling like hot cakes.

오늘은 'sit on the fence'라는 이디엄을 배우고
이를 활용해 문장을 만들어 말해 봅시다.

He sat on the fence during the debate.

그는 토론 내내 중립을 지켰어.

sit (과거형: sat) = 앉다 / fence = 울타리

sit on the fence = [직역] 울타리 위에 앉다

→ [실제 의미] 중립을 지키다

울타리 위에 앉아 왼쪽/오른쪽 그 어느 쪽으로도 가지 않고 있는 상황을

상상해 보세요. 딱 '중립을 지키고 있는 모습'과 흡사하죠?

▼

주어	동사	전치사구	전치사구
He	sat	on the fence	**during the debate**
그는	앉았다	울타리 위에	토론 동안

▼

He sat on the fence **during the debate.**

[직역] 그는 토론 동안 울타리 위에 앉았다.

▼

[실제 의미] 그는 토론 내내 중립을 지켰어.

MP3_197

새로 배운 단어들의 발음을 듣고 소리 내어 말하며 몇 번씩 써 보세요.

sit	앉다

sit ▸ sit

fence	울타리

fence ▸ fence

debate	토론

debate ▸ debate

오늘의 문장 듣고 써 보기

MP3_198

오늘 만든 문장의 전체 발음을 듣고 소리 내어 말하며 스스로 써 보세요.

He sat on the fence during the debate.

241

오늘의 쓰기 날짜   월   일

오늘은 'miss the boat'라는 이디엄을 배우고
이를 활용해 문장을 만들어 말해 봅시다.

You shouldn't miss the boat.

너 이번엔 기회를 놓치지 않는 게 좋을 거야.

miss = 놓치다 / boat = 배, 보트

miss the boat = [직역] 배를 놓치다

→ [실제 의미] 기회를 놓치다

타려고 예정되어 있던 배를 지각하는 바람에 안타깝게 놓쳐 버린 상황을
상상해 보세요. 딱 '기회[배]를 놓쳐버린 모습'과 흡사하지 않나요?

▼

주어	동사	목적어	부사구
You	**shouldn't miss**	**the boat**	**this time**
너는	놓치지 말아야 한다	배를	이번에는

▼

You shouldn't miss the boat this time.

[직역] 너는 이번에는 배를 놓치지 말아야 한다.

▼

[실제 의미] 너 이번엔 기회를 놓치지 않는 게 좋을 거야.

MP3_199

새로 배운 단어들의 발음을 듣고 소리 내어 말하며 몇 번씩 써 보세요.

| miss | 놓치다 |

miss ▸ miss

| boat | 배, 보트 |

boat ▸ boat

| this time | 이번(에는) |

this time ▸ this time

오늘의 문장 듣고 써 보기

MP3_200

오늘 만든 문장의 전체 발음을 듣고 소리 내어 말하며 스스로 써 보세요.

You shouldn't miss the boat this time.

영어 단어 INDEX

그동안 정말 잘 했어요 여러분! 이번 시간엔 지금까지 배운 모든 영어 단어들을 알파벳 순서로 정리해 놓았어요. 잘 기억나지 않는 단어들은 맨 왼쪽 박스(□)에 체크 표시를 한 뒤 맨 오른쪽에 표시된 페이지로 돌아가 다시 한 번 복습하세요.

A(a)로 시작하는 단어들

B(b)로 시작하는 단어들

C(c)로 시작하는 단어들

D(d)로 시작하는 단어들

E(e)로 시작하는 단어들

H(h)로 시작하는 단어들

☐	hang out (hung out-hung out)	어울리다	077
☐	head	머리	231
☐	healthy	건강한	035
☐	heavy	무거운	141
☐	help	도움	085
☐	hit (hit-hit)	치다; 강타하다	183
☐	hobby	취미	191
☐	hold (held-held)	열다, 개최하다	173
☐	hope (hoped-hoped)	바라다, 희망하다	041
☐	hot	뜨거운, 더운	139
☐	house	집	209
☐	hurry (hurried-hurried)	서두르다	067

I(i)로 시작하는 단어들

☐	ID (identification)	신분증	111
☐	imagine (imagined-imagined)	상상하다	081
☐	important	중요한	035
☐	improve (improved-improved)	향상시키다	061
☐	information	정보	123
☐	instruction	지시(사항)	101
☐	item	물품, 품목	221

J(j)로 시작하는 단어들

☐	job	일, 직업	191
☐	jog (jogged-jogged)	조깅하다	185
☐	just	딱, 정확히; 그냥, 그저	231

K(k)로 시작하는 단어들

☐	keep (kept-kept)	유지하다	031
☐	kid	아이	207
☐	kind	친절한	203

L(l)로 시작하는 단어들

☐	lake	호수	029
☐	land (landed-landed)	착륙하다	197
☐	laptop	노트북	215
☐	laundry	빨래	167
☐	law	법	101
☐	life	삶, 인생	081
☐	lightning	번개	177
☐	like	~처럼	239
☐	lock (locked-locked)	(열쇠 등으로) 잠그다	105
☐	look for (looked for-looked for)	~을 찾다	181
☐	lose (lost-lost)	잃어버리다	215

M(m)으로 시작하는 단어들

☐	make (made-made)	만들다	161
☐	man	남자	203
☐	market	시장	159
☐	match	시합, 경기	041
☐	meal	식사, 끼니	063
☐	medicine	약	095
☐	meet (met-met)	만나다	211
☐	membership	회원 (자격)	195
☐	mention (mentioned-mentioned)	언급하다	221
☐	minute	(시간 단위) 분	073
☐	miss (missed-missed)	놓치다	039
☐	missing	없어진	207
☐	move (moved-moved)	움직이다	051

N(n)로 시작하는 단어들

☐	nail	못; 손톱, 발톱	231
☐	nap	낮잠	119
☐	need (needed-needed)	필요하다	049
☐	neighborhood	동네	199

☐	restricted	제한된	083
☐	ride (rode-ridden)	(각종 탈 것들을) 타다	071
☐	right	맞는, 올바른	169
☐	river	강	029
☐	role	역할	193
☐	romantic	낭만적인	149
☐	routine	(판에 박힌) 일상	175
☐	ruin (ruined-ruined)	망치다	039

S(s)로 시작하는 단어들

☐	salt	소금	097
☐	same	똑같은	175
☐	scare (scared-scared)	무섭게 하다	177
☐	scissors	가위	087
☐	second	(시간 단위) 초	073
		두 번째의	099
☐	secret	비밀	045
☐	sell (sold-sold)	팔리다; 팔다	239
☐	send (sent-sent)	보내다	169
☐	show (showed-showed)	보여 주다	111
☐	sit (sat-sat)	앉다	241
☐	skill	기술	061
☐	something	(어떤) 것	053
☐	speech	연설	107
☐	spill (spilled-spilled)	흘리다	229
☐	spot	곳, 장소	181
☐	start (started-started)	시작하다	191
☐	statue	조각상	161
☐	stay (stayed-stayed)	머무르다	055
		(~한 상태로) 있다	093
☐	stop (stopped-stopped)	멈추다, 그만하다	033
☐	storm	태풍	183
☐	subscription	구독	195
☐	success	성공	103

V(v)로 시작하는 단어들

W(w)로 시작하는 단어들

Y(y)로 시작하는 단어들